线

线索

良渚玉器线绘

【第三版】

方向明◎著

浙江古籍出版社

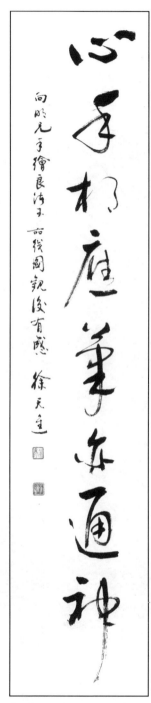

心手相應筆乃通神

向晚兒孫繪良法於一幅圖親後有感 徐天進

徐天进先生题词

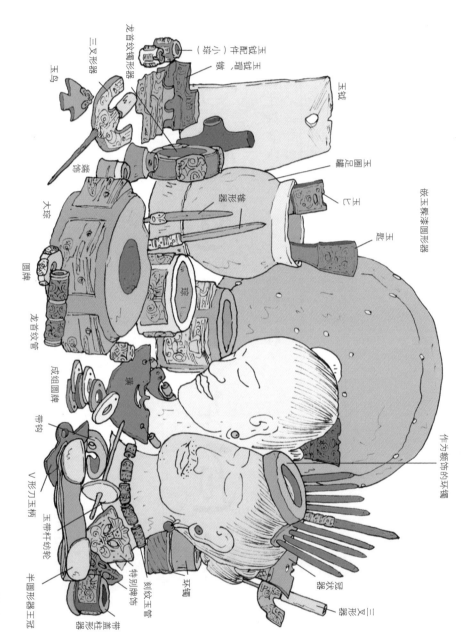

瑶山出土玉器集萃

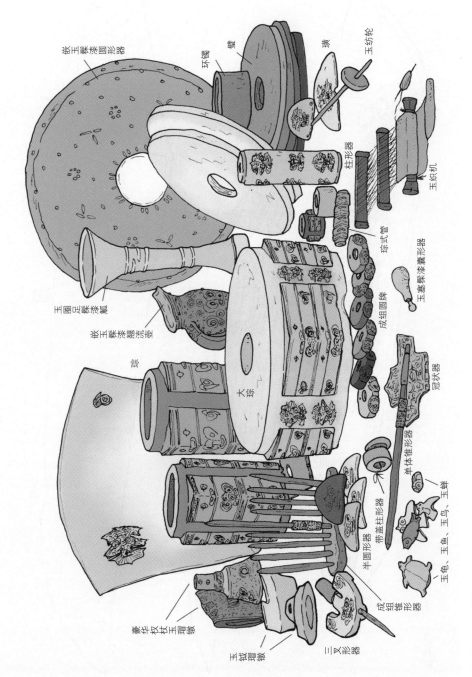

嵌玉髹漆圆形器　　环镯　　璧　　瑗　　玉纺轮

柱形器

玉圈足髹漆觚　　嵌玉髹漆翘流壶　　琮　　大琮　　琮式管　　成组圆牌　　玉塞髹漆囊形器　　玉织机

冠状器

半圆形器　　带盖柱形器　　单体锥形器

豪华权杖玉瑞镦　　玉钺瑞镦　　三叉形器　　成组锥形器

玉龟、玉鱼、玉勺、玉蝉

反山出土玉器集萃

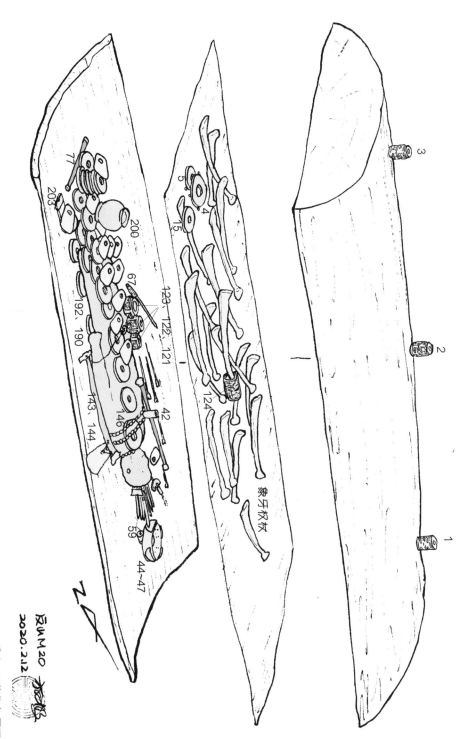

反山M20葬仪复原图

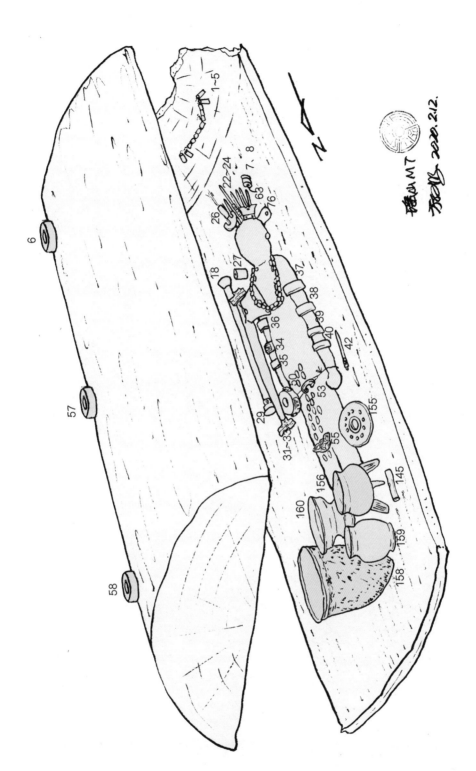

瑶山M7葬仪复原图

前言

良渚文化玉器 ——以反山、瑶山为例

方向明

良渚文化，距今 5300~4300 年，由马家浜文化、崧泽文化发展而来，以环太湖流域三万六千多平方公里为主要分布范围，是长江下游新石器时代晚期最为重要的考古学文化，在中华文明起源过程中占有极其重要的地位。

良渚文明的中心位于浙江余杭良渚遗址群所在的良渚古城，是一处以稻作农业为经济支撑、出现明显社会分化和具有统一信仰的区域性早期国家，是国家起源的重要历史节点，被认为是实证中华五千年文明的圣地。

玉器是良渚文化的主要内涵，以琮、璧、钺为代表的良渚文化玉器以及玉器上的神像，是当时原始宗教信仰的反映，也是聚落等级和规模的体现，更是高等级中心聚落的标志。良渚玉器以透闪石软玉为主导，切割、钻取、打磨、微雕等各项琢玉工艺均达到了前所未有的高峰。

良渚古城莫角山宫殿区西北的反山，是迄今为止最高等级的墓葬区，共出土玉器 1100 余件（组），被誉为"王陵"。良渚古城外东北的瑶山高等级墓地，出土玉器 679 件（组）。反山、瑶山出土玉器是良渚文化玉器的代表。

※ "M12：98" 是考古学对于出土器物的编号，即第 12 号墓的第 98 号器物，下同。

一、良渚玉器的种类

良渚文化玉器种类丰富，主要有：琮、璧、钺，以及冠状器、三叉形器、成组半圆形器、（成组）锥形器、璜、串饰、镯、带钩、（成组）柱形器、各类牌饰、各类端饰等。

琮，良渚玉器的重中之重。反山 M12:98 大琮※，可能原先枕于墓主头下，是迄今为止雕琢最精美、品质最佳、体量最大的良渚玉琮，通高 8.9 厘米，上射径 17.1~17.6 厘米，下射径 16.5~17.5 厘米，重达 6.5 千克，堪称"琮王"。

璧，源自于小璧环。良渚标准形态的璧，可以反山 M20:186 璧为代表，外径 18 厘米，厚约 1 厘米，孔径 5 厘米，外径与孔径之比为 3.6：1，是良渚文化玉璧的黄金分割比例。反山是迄今出土璧数量最多的墓地，达 130 件，其中 M23 出土 54 件、M20 出土 43 件。除了少量璧加工圆整、打磨精细，墓室内成堆叠放的璧加工粗糙，考古学家认为可能同样形状的璧包含的礼仪意义有别，或具有财富的象征意义。

玉钺，是高等级墓地中男性权贵的随葬品，一般每墓一件。迄今为止，组装有玉瑁、玉镦的高级玉钺仅发现于良渚遗址群，以及上海青浦福泉山、江苏苏州草鞋山和常州武进寺墩等极少数的高等级聚落中。反山发掘，首次在野外复原了完整的玉钺组合（玉钺杖），包括玉钺本体、瑁、镦以及已经朽烂的柲（音必，指兵器的柄），一些柲体不但髹漆，还镶嵌玉粒。瑶山 M7 玉钺杖出土时保存原貌，通长 80 厘米。反山 M12：100-1 玉钺，长 17.9 厘米，刃宽 16.8 厘米，是唯一一件两面均雕琢神像和鸟纹的大玉钺，堪称"钺王"。

除了琮、璧、钺以及各类权杖的组装玉端饰，成组头饰的组合是良渚文化权贵墓葬随葬玉器的重要内容，也是良渚文化玉器中非常独特的一类器物。成组头饰主要有：4 件一组的半圆形器，以 3、5、7、9、11 奇数件为一组的锥形器、作为梳背的冠状器、中叉组装玉管的三叉形器等。

三叉形器是男性权贵的冠饰，以良渚遗址群和临平遗址群数量最为丰富，在桐乡－海宁地区渐渐递减，不见于苏南沪地区，地域分布特征鲜明。三叉形器中叉上方往往有玉管与之组装，中叉下方的簪状插件朽烂不存。

作为梳背的冠状器，与神像上的神人所戴羽冠外形一致。1999 年浙江海盐周家浜 M30 首次发现冠状器完整地镶嵌在象牙梳上，因此又将其称之为"玉梳背"。冠状器在良渚文化显贵墓葬中多有发现，每墓一件，无男女性别之分，早期冠状器顶部还往往雕琢为半圆形。

作为冠饰的成组锥形器数量多为奇数，少者 3 件，多者如瑶山 M10，达 11 件，仅发现于男性权贵墓葬。成组锥形器中的 1 件往往较长，或雕琢琮式纹样，出土时锥尖朝上，应卯销在有机质载体上作为冠饰。

图 1　反山 M12:98 玉琮上的神人兽面像

　　璜作为颈项串饰，是女性权贵的重要玉器，以半璧状形态为主。良渚文化中期之后，随着男性威权的迅速崛起，象征女性权贵身份和地位的璜就渐渐阙如了。

　　此外，还有置放在棺盖上的成组柱形器、棺端的带盖柱形器，作为穿缀件的管珠串、隧孔珠、隧孔牌饰、动物形缀件，作为权杖组装件的各类玉端饰，作为镶嵌件的嵌玉漆杯、嵌玉漆觚、太阳形嵌玉漆器，以及作为工具玉礼器化的玉纺织具、玉刀、玉匕、玉匙等，它们共同构成了良渚文化玉器的内容。

二、神像：良渚玉器的灵魂

　　良渚文化玉器种类丰富，形制多样，其背后的主宰是神像，神像包括复合的神人兽面像和独立的兽面像。反山 M12 首次出土了完整的神人兽面像，M12:98 大琮，四面直槽上通过减地浅浮雕结合阴线刻画的方式雕琢了上下两幅共 8 幅神人兽面像，神像大小仅 3 厘米 ×4 厘米，堪称微雕。反山 M12 也是迄今为止出土玉器神像数量最多、雕工最精美的大墓，有 9 件（组）器物雕琢了共计 30 幅神像。

　　反山 M12:98 神像由神人和神兽复合组成，神人的脸和冠帽、神兽的大眼和鼻嘴部位做减地浅浮雕，神人上肢和神兽下肢阴线刻画（图1）。

　　神人脸面作倒梯形，显然是一幅假脸或者面具。重圈为眼，眼角两侧有

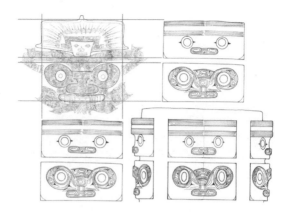

图 2 神像和琮节面框形适合纹样的取舍

尖角形刻画，这个眼睛形象与曾流行于崧泽文化晚期陶器上的圆和弧边三角组合纹样完全一致。宽鼻，内卷弧线勾画鼻翼。阔嘴，内以横长线再加直短线分割来表示牙齿。神人佩戴"介"字形冠帽，外层是顶部为尖突的"介"字形冠，宽大的接近双臂平展的宽度。内层为帽，填刻螺旋线。冠帽上刻画放射状羽线。神人耸肩，平臂弯肘，五指平张位于兽面大眼斜上侧。

神兽重圈大眼，大眼的斜上部位刻画小尖喙样的三角，这也是崧泽文化陶器上圆和弧边三角组合纹样的式样，大眼的斜上部位为月牙形的耳朵。神兽有阔鼻，填刻螺旋线；阔嘴，两侧外伸两对獠牙；下肢做蹲踞状，鸟形爪。

完整神像的发现解决了琮节面折角方框内图案的原型问题，发现原来琮节面的图案就是神像。神像的影子无处不在，冠状器的造型就是神像的"介"字形冠帽，如果把玉钺上的组装件瑁对折展开，也是神像的帽子。几乎所有的良渚文化玉器中都有神像的影子，神像完全主宰了良渚文化玉器，良渚玉琮自始至终都与神像图案密切相关，神像就是它的灵魂（图2）。

三、神像内涵的推测

神像的"介"字形冠帽形式，在早于良渚文化2000多年的河姆渡文化中就有发现，与龟背甲的横截面颇为接近，是"天"的象征。

一些研究者推测神兽的原型可能是虎、蛙、鳄鱼、猪等等，实际上神兽

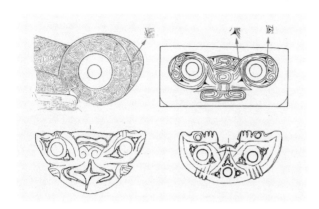

图3 神兽大眼的结构：圆和弧边三角组合纹样

的造型是某种或多种动物形象的抽象，糅合了观念意识，是一种"观念动物"。"眼睛就是一切"，神兽的大眼几乎占据了神兽像面积的三分之一，是释读神兽含义的钥匙。神兽大眼与崧泽文化陶器上的圆和弧边三角组合纹样完全一致，后者的纹样以圆为中心，两侧弧边三角的凹弧边与中心的圆保持同一弧度，凸显了圆，寓意"太阳"（图3）。

"介"字形冠象征"天"，圆和弧边三角组合纹样的神兽大眼寓意着"太阳"，神人的眼睛也是这一纹样的变体，神人和神兽一开始就有内在的关联性。主宰良渚玉器的神像就是当时的"太阳神"。

良渚文化早期，还有一类源自崧泽文化晚期玉龙的"龙首纹"玉器，龙首纹和神兽像，两者的结构和元素关系密切，又此长彼消，神兽像融合了龙首纹元素（图4）。

鸟是唯一可以在天上飞翔的灵禽，神像有时需要鸟纹的辅佐或渲染，来表现飞翔或在天上的状态。瑶山M2:1冠状梳背神像的两侧对称雕琢鸟纹，反山M12:98琮节面兽面大眼的两侧也对称雕琢鸟纹。早在河姆渡文化美术品中，鸟就已经成为了重圈太阳的载体。良渚文化玉器中鸟纹的身体与神像的兽面大眼完全一致，说明彼此在图像表达上的密切内在联系（图5）。

良渚文化中心的良渚古城和所在的良渚遗址群，是神像"图范"的创造

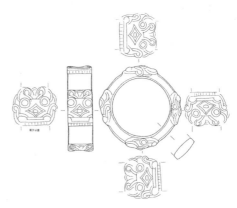

图 4 瑶山 M1:30 环镯上的龙首纹

地和规范地。迄今为止，玉龙—龙首纹玉器—龙首图案玉器、完整的神像主要集中出土于良渚遗址群，以反山、瑶山为代表的刻纹玉器，图像的构成虽有繁缛简约之分，但基本的构成和元素始终不变，是当时的"标准像"。

　　神像在广袤的环太湖流域良渚文化分布区得到了广泛的认同，在近一千年的发展历程中，神像一直贯穿了良渚文化的始终。良渚文化晚期，神像的线条变得呆板，神兽大眼的外廓也变得生硬。随着那类受沁为鸡骨白、象牙白的质地纯净的黄白色玉器资源的匮乏，取而代之的夹杂质较多的玉

图 5 瑶山 M2:1 冠状器的神兽大眼和鸟纹

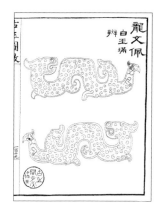

图 6 吴大澂《古玉图考》中龙纹佩线绘图

石，不适合精雕细琢，以往可以在 1 毫米之内刻 5 条细线的微雕工艺，变成巧妇难为无米之炊了。在良渚古城的良渚文化晚期城壕堆积中，陶器上居然也有神圣的神像摹刻，完全丧失了早先神像的神圣和威严。

距今 4300 年前后，内忧外患，加之汤汤洪水，良渚文明终于降下了帷幕，良渚玉器、良渚玉文化的元素融入到滚滚向前的中华玉文化之中，琮、璧、钺成为夏商周三代玉器的重要组成部分。

四、线绘：看清良渚玉器的慧眼

考古学是一门通过野外考古发掘和室内整理研究来探究和复原古代历史的学科，文字、测绘、摄影以及三维全息扫描等新技术是考古发掘和整理过程中的主要记录手段，以线绘和拓本来体现器物的外形和结构是考古学的传统记录手段。

早在清光绪十五年（1889），吴大澂《古玉图考》中就有玉器的精准线图，台北"故宫博物院"邓淑蘋先生专文提到，由吴大澂的族弟吴大桢描线勾勒，多为原大，第 191 页的"龙纹佩"现藏哈佛大学福格博物馆，绘图传真性高，尺寸准确（图6）。北宋金石学家吕大临《考古图》中也有类似焦点透视的线绘图。实际上，利用线条对器物及其他实体进行描述（刻画），早在远古时代就已经非常娴熟，陶器、石器、各类动物、干栏式建筑等等都曾被刻画，良

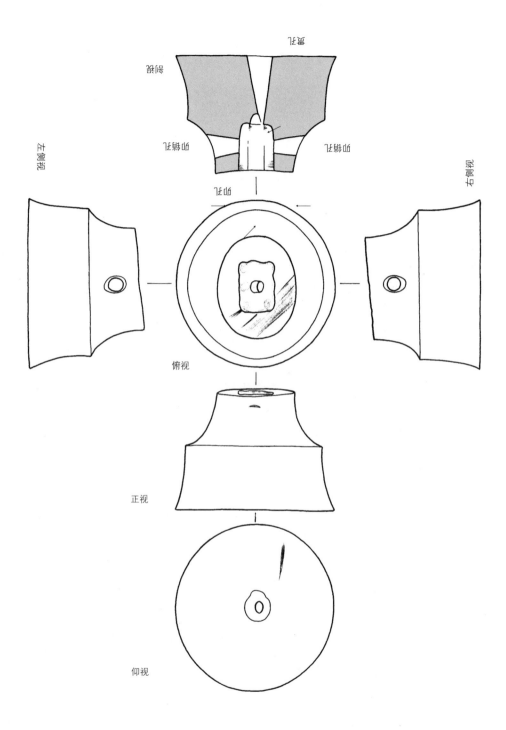

图 7　以瑶山 M7：29 权杖镦的考古绘图为例

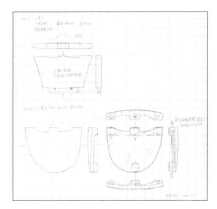

图 8 良渚玉器考古绘图的底图：良渚汇
观山 M4 冠状器和三叉形器

渚玉器的神像其实也是线绘，各类玉器的造型，尤其是复杂外廓的造型，势
必有一个线绘的设计。

考古线绘，是通过直角坐标正投影的方式，客观地对器物的外形和结
构进行记录和描述，由反映器物外廓的正投影和体现器物结构的剖面组
成（图7）。

考古绘图与文字、摄影、拓本共同成为器物记录的必要手段（图8）。

笔者长期从事田野考古及考古绘图工作，负责了反山、瑶山所有玉器的
测绘，承蒙浙江古籍出版社厚爱，选编了两地主要出土玉器的线绘，并辅之
简约文字解读，以期更多人能了解良渚的文明及其玉器的精湛工艺和令人叹
为观止的艺术之美。

2018 年 1 月 26 日

目录

王

神的扮演者

野外照片：瑶山 M10 头端玉器出土场景

作为梳背的冠状器、簪上的三叉形器、卯销好的成组锥形器，均以插件形式作为墓主的冠饰，而成组半圆形器则等距离缝缀后作为墓主的额饰佩戴，它们均以神像为主宰，王成为神的扮演者。

头饰

冠状器
三叉形器
成组锥形器
成组半圆形器

项饰

璜
成组圆牌

其他饰件

牌饰
柄形器
带钩
鸟
蝉
龟
鱼
龙首纹玉器

头饰

冠状器

　　良渚文化早期少数冠状器顶部有平顶和半圆形，绝大多数冠状器的顶部和外形直接使用神像的"介"字形冠帽。冠状器卯销在象牙梳上，作为梳背使用，男女均可以插戴。

镶插后卯销 ———

作为梳背的冠状器 ———

梳体（多朽烂）———

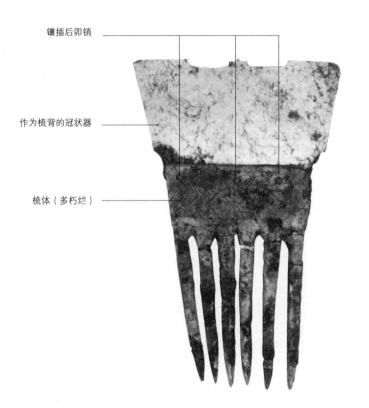

浙江海盐周家浜 M30 首次发现镶插在象牙梳上的冠状器

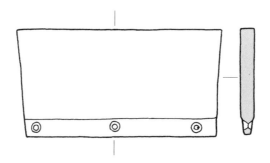

瑶山 M4：28 冠状器

平面呈长方形，顶部略宽，极简，光素无纹。高2.85厘米。

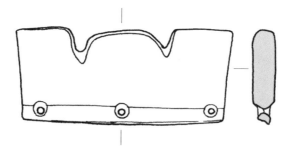

瑶山 M5：3 冠状器

顶部雕琢半圆形，半圆是太阳升起的象征，与表示"天"的"介"字形冠寓意接近。高2.65厘米。

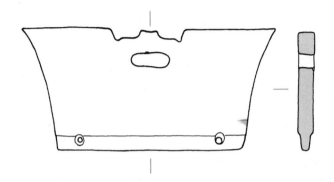

瑶山 M7：63 冠状器

　　素面，顶部雕琢"介"字形冠，结合椭圆形镂空。高3.3厘米。

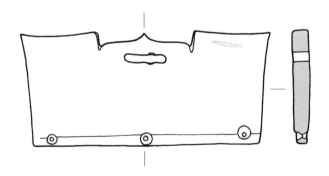

瑶山 M8：3 冠状器

　　素面，顶部雕琢"介"字形冠，"介"字形冠两侧特意呈现出内凹弧。高3.1厘米。

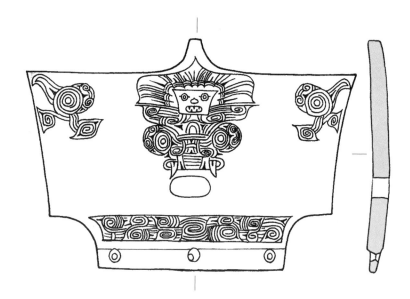

瑶山 M2：1 冠状器

正面雕琢神像和神鸟，扁榫上方有一条由螺旋线和小尖喙组合的纹样，是神鸟的变体。神像省略了神人的上肢、神兽的下肢。神像下方有椭圆形镂空。神鸟的身体与神兽大眼完全一致，作腾空奔跑状。高5.8厘米。

神兽大眼和神鸟
身体完全一致

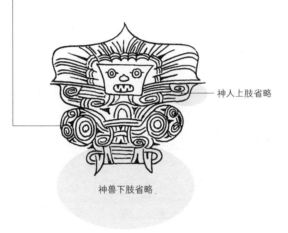

神人上肢省略

神兽下肢省略

神鸟的变体纹（以鸟喙为主）

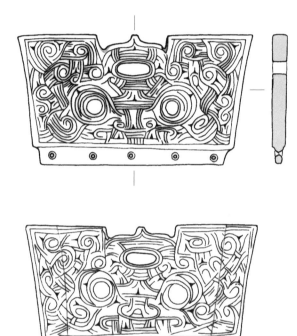

瑶山 M11：86 冠状器

　　两面均细刻纹样，独立的神兽居于正中，大眼、鼻子和獠牙、阔嘴清晰可辨，神兽的上方是"介"字形冠顶，神兽的两侧是变体的神鸟纹样。高3.4厘米。

变体的神鸟纹

居中的神兽

反山 M15：7 冠状器

　　双面雕，以透雕结合阴线刻画神像。顶部和神人的"介"字形冠帽融为一体，神人的冠帽、胸腹部位都很清楚，上肢和神兽不明晰。神人上肢两侧的图案可视作神兽大眼，也可视作变体的神鸟纹。高3.8厘米。

神兽大眼，或变体的神鸟纹

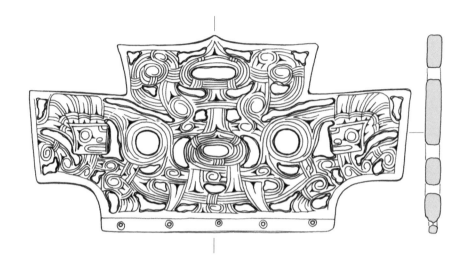

反山 M16：4 冠状器

　　器形独特，双面雕，以透雕结合阴线刻画展现神像。神兽像居中，大眼、獠牙、下肢俱全。神人被神兽所分割，位于神兽的两侧，神人的"介"字形冠帽成为冠状器的顶部尖突。高5.27厘米。

神人"介"字形冠帽的尖顶和神兽的冠帽

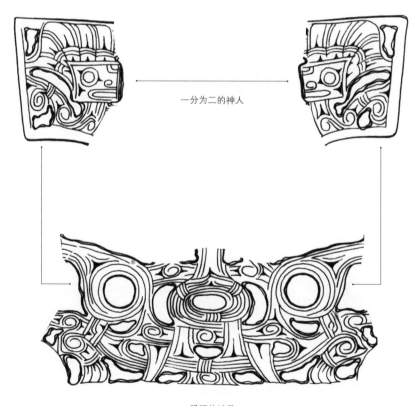

一分为二的神人

蹲踞的神兽

王：神的扮演者

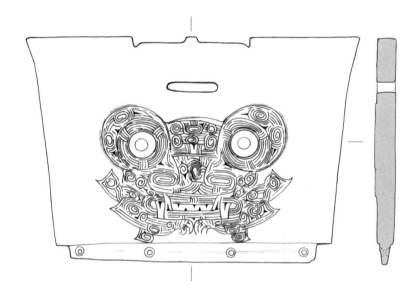

反山 M17：8 冠状器

正面雕琢神兽像，眼、鼻、嘴、下肢俱全，大眼之间的眼梁为弧拱形。高5.97
厘米。

月牙形耳朵

眼梁

重圈大眼

鼻梁

阔嘴

下肢

王：神的扮演者

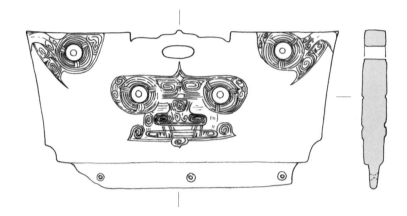

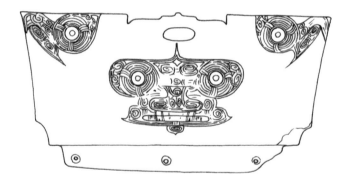

反山 M22：11 冠状器

　　两面雕琢神兽和神鸟，神兽顶部为"介"字形冠的尖突，下肢省略，仅作蒜头状的纹样。鸟纹朝向外侧，鸟身与神兽大眼的纹路一致。高4.22厘米。

神鸟身体与神兽大眼完全一致

下肢省略为蒜头状的纹样

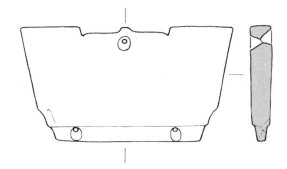

反山 M14：174 冠状器

顶部"介"字形冠的下方仅为小圆形孔。高3.02厘米。

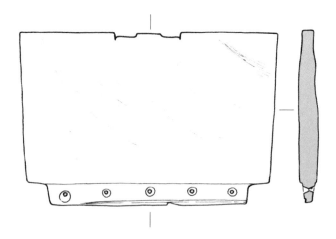

反山 M20：96 冠状器

素面，"介"字形冠顶部下方没有钻孔。高4.6厘米。

头饰

三叉形器

　　三叉形器也是头部的插件，它被装置在簪一类的上部，三叉形器中叉的上方往往还另外配置玉管，这样也使得中叉的长度大大延伸。三叉形器形制独特，造型复杂，三叉可看作太阳光芒的象征，也可视为一只俯冲鸟的造型。

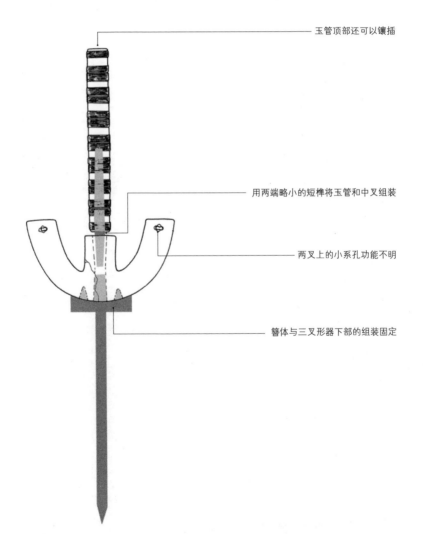

玉管顶部还可以镶插

用两端略小的短榫将玉管和中叉组装

两叉上的小系孔功能不明

簪体与三叉形器下部的组装固定

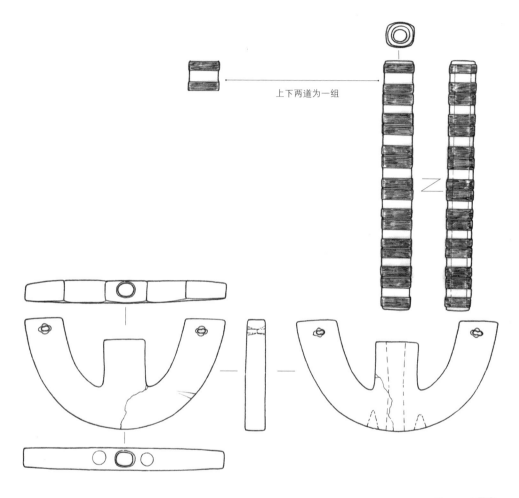

上下两道为一组

反山 M12：83 三叉形器

中叉上方配伍弦纹玉管，以上下两道为一组，共八组，每道宽3毫米不到，刻画线条多达10条。两叉上方各钻一小孔。该三叉形器光素无纹，器高3.4厘米。玉管长7.7厘米。

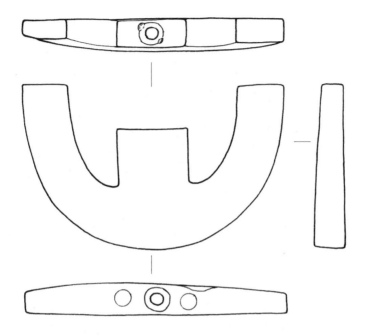

贯穿孔

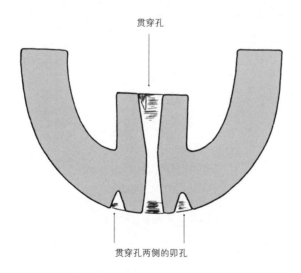

贯穿孔两侧的卯孔

反山 M16:22 三叉形器

　　正面微弧凸，背面平整。三叉形器中叉的贯孔均为对钻，可知贯孔的下部作为插簪使用，相当于卯孔；贯孔的上部，也相当于卯孔，可与玉管贯孔卯插。该三叉形器没有玉管，可能镶插羽毛等有机质物件。通高4.47厘米。

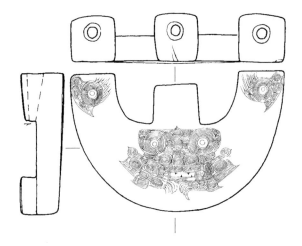

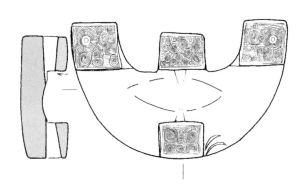

反山 M14：135 三叉形器

正面微弧凸，背面三叉的上端和下端的正中部切割为凸块，凸块上皆钻有贯孔。正面中部刻画神兽，两叉上部各刻画鸟纹，鸟首朝向外侧，鸟身与神兽像大眼一致，尾部为多组羽状线，与神像"介"字形冠帽内的填刻一致。背面凸块上的纹样，左右仍以大眼为主题，上为螺旋纹装饰，下为变形的鼻，整体也是一幅拆散的变形神兽像。高3.75厘米。出土时中叉上方有一长2.75厘米的玉管与之配伍。

正面两侧叉上的神鸟

正面的神兽

背面一分为二的变形神兽大眼

背面下部的变形神兽鼻部

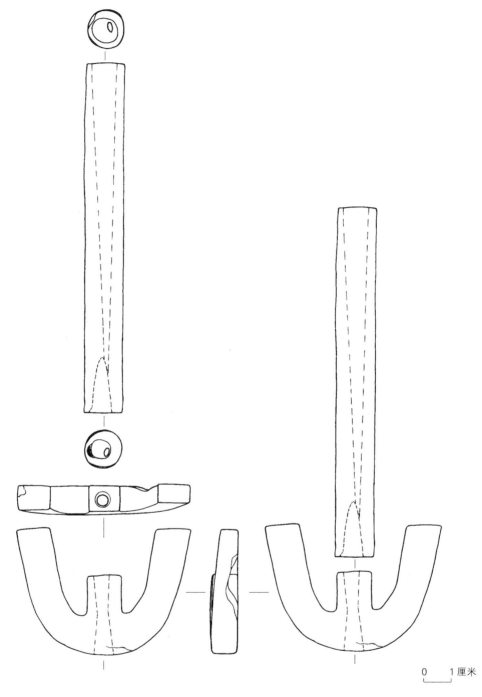

反山 M17：7 三叉形器

　　正面弧凸，背面平整。三叉形器高4.5厘米，装置在中叉上方的玉管高达12.48厘米，是迄今为止出土的最长玉管。

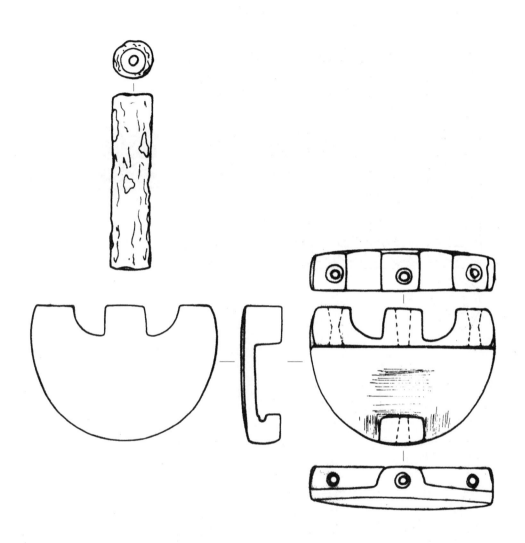

0   1厘米

反山 M20：91 三叉形器

　　正面略弧凸，背面切割为上下两部分凸块，高4.27厘米。中叉配伍的玉管沁蚀
严重。长5.5厘米。

耳朵
大眼
鼻翼

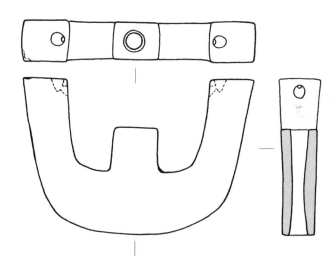

瑶山 M2：6 三叉形器

　　两叉上端和内侧边缘钻有隧孔（牛鼻孔），可能系挂他物。高4.2厘米。中叉上方装置通体雕琢龙首纹的玉管，两节半，一端被切割掉，每节有两组龙首纹图案，由上部的耳朵、眼睛和下部的鼻翼组成。高6.75厘米。

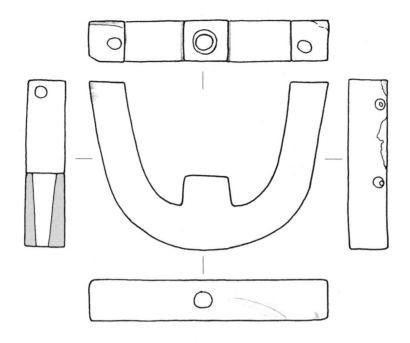

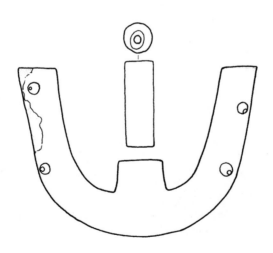

瑶山 M8：8 三叉形器

两叉的侧背边钻有隧孔（牛鼻孔），用来缝缀或另外系挂他物之用。高4.6厘米。出土时短玉管位于中叉上方，高2.35厘米。

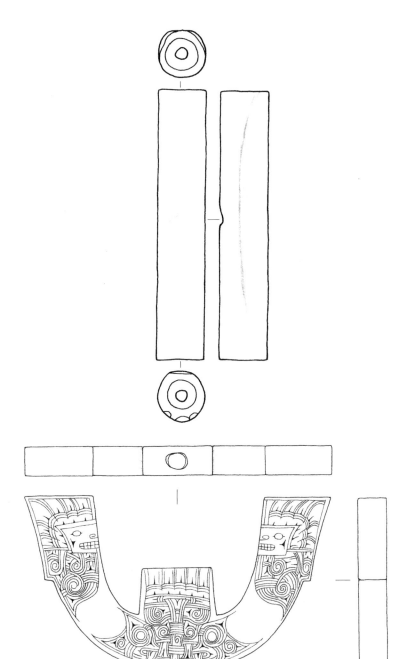

瑶山 M7：26 三叉形器

　　正面雕琢神像，神人一分为二位于左右两叉的上部，神兽位于正中，中叉部位也就是神兽图像的上方，雕琢"介"字形冠帽中填刻的羽状线。高4.8厘米。出土时长玉管位于中叉的上方，长玉管高7.3厘米。

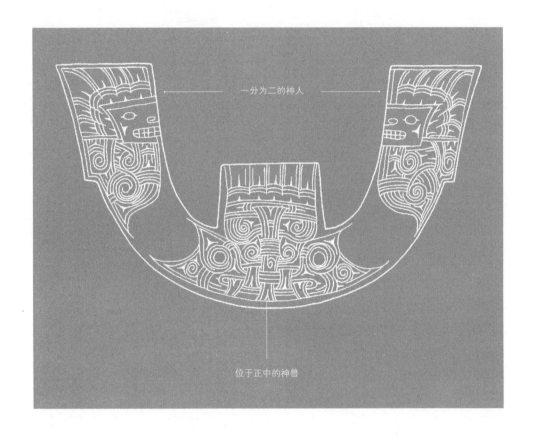

一分为二的神人

位于正中的神兽

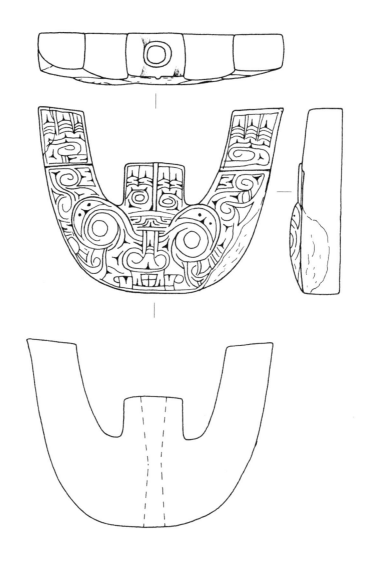

瑶山 M3：3 三叉形器

    正面弧凸，雕琢神像，神兽居中，大眼、鼻为减地浅浮雕，三叉上方刻画
"介"字形冠帽内填刻的羽状线。高5厘米。

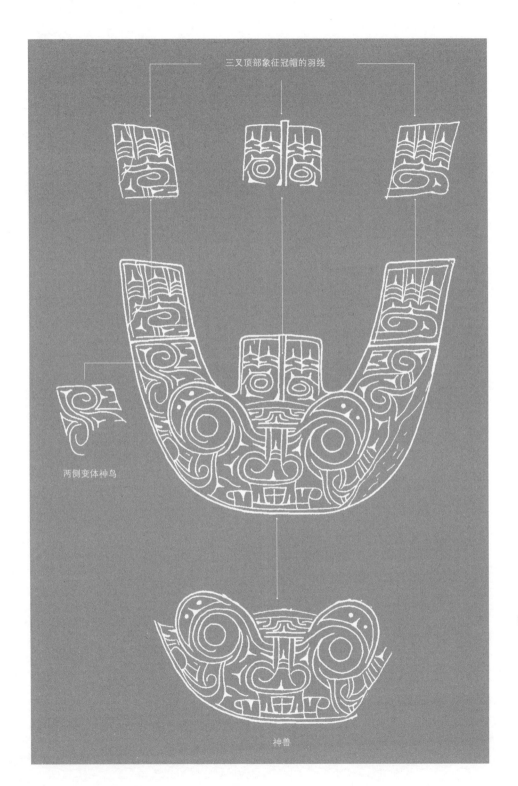

三叉顶部象征冠帽的羽线

两侧变体神鸟

神兽

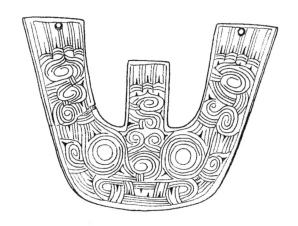

瑶山 M9：3 三叉形器

　　正面弧凸，背面平整。两面雕琢神像，神兽居中，象征"介"字形冠帽的羽状线分别位于三叉的上部。除了中叉的贯穿孔和下端两侧的固定卯孔外，两叉的上端各掏膛有卯孔，并有横向小穿孔可以卯销。高5.05厘米。

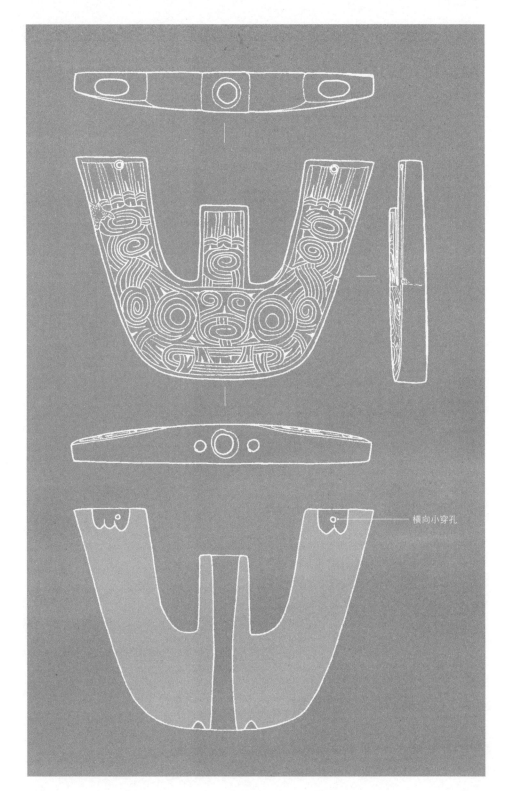

横向小穿孔

王：神的扮演者

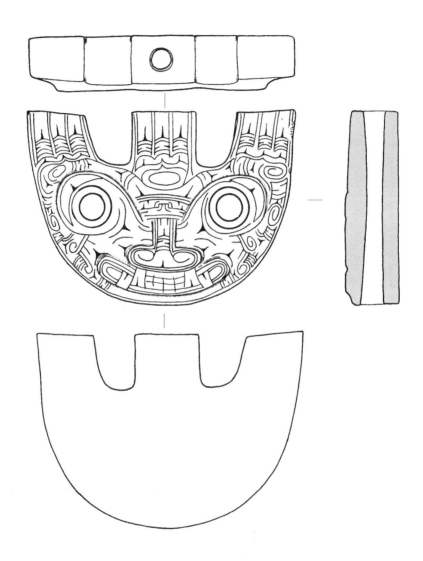

瑶山 M10：6 三叉形器

　　正面微弧凸，雕琢神像，神兽的大眼、鼻、嘴以浅浮雕形式雕琢，三叉部位刻
画"介"字形冠帽中填刻的羽状线。背面无纹。高5.2厘米。

成组锥形器

　　锥形器有成组和单件之分，成组锥形器通过锥形器底部的榫卯销在有机质载体上，作为男性权贵的头饰使用。成组锥形器多以3、5、7、9、11奇数件为一组，与墓地和墓主人的等级有关。如反山王陵中多为9件一组，而位于良渚古城西南的文家山墓地，等级最高的墓葬仅3件一组，二者形成鲜明的对比。

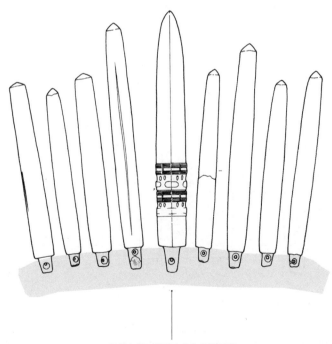

卯销在某一载体上作为头饰佩戴

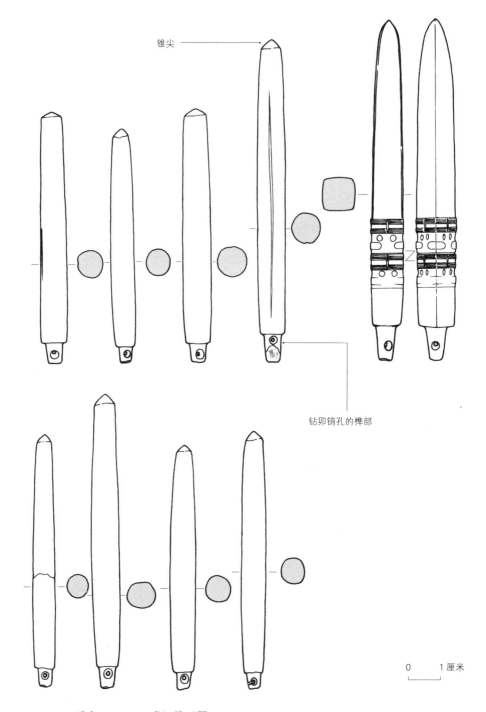

锥尖

钻卯销孔的榫部

0   1厘米

反山 M12：74 成组锥形器

　　一组9件。其中一件为琮式锥形器，雕琢两节神像图案，直槽仅分割弦纹组，未分割面纹。最高10.2厘米。

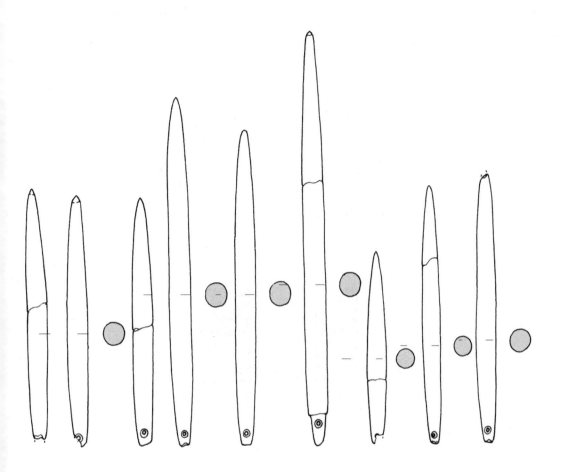

反山 M16：33 成组锥形器

一组9件。其中最长的一件高10.9厘米，其余8件5.15~8.3厘米不等。

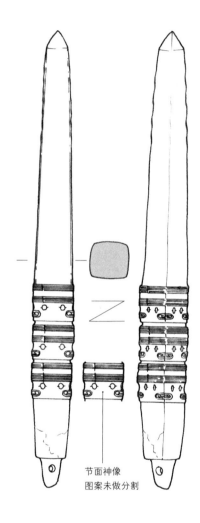

节面神像
图案未做分割

琮式锥形器

反山 M17:12、13 成组锥形器

　　一组7件。其中一件为琮式锥形器，雕琢三节神像图案，神像图案彼此连贯，未做分割，高12.13厘米。

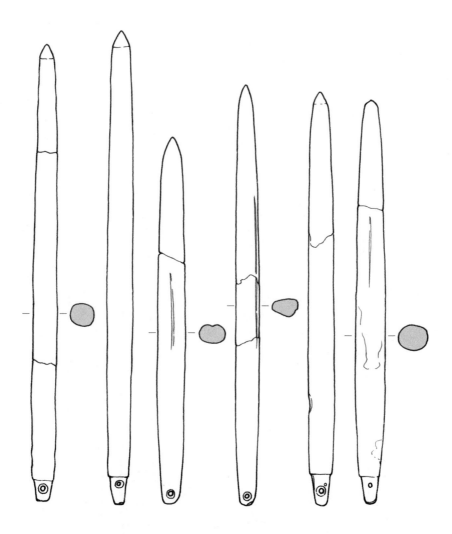

素面锥形器

瑶山 M2：8~12 成组锥形器

一组7件。其中3件素面，2件琮式，2件龙首纹。2件琮式锥形器均一节神像图案，各对角雕琢神人和神兽图案。2件龙首纹锥形器均减地浅浮雕龙首纹两组，分别高9.8、10.2厘米。

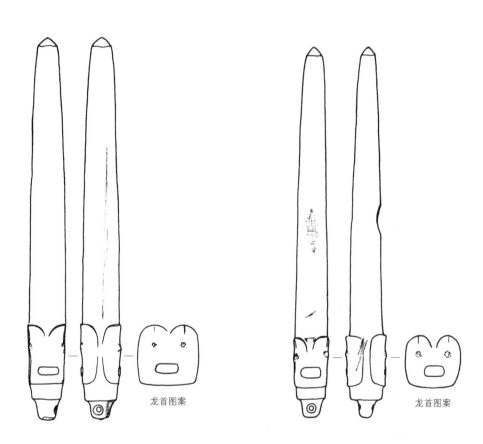

龙首图案　　　　　　　　　　龙首图案

龙首纹锥形器

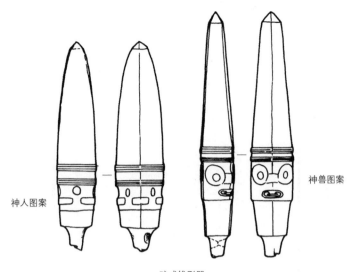

神人图案

神兽图案

琮式锥形器

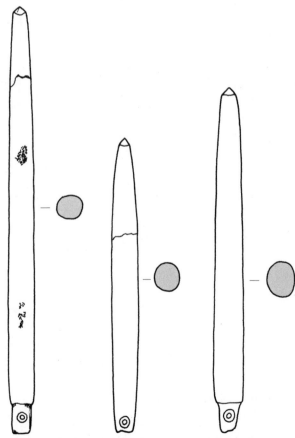

素面锥形器

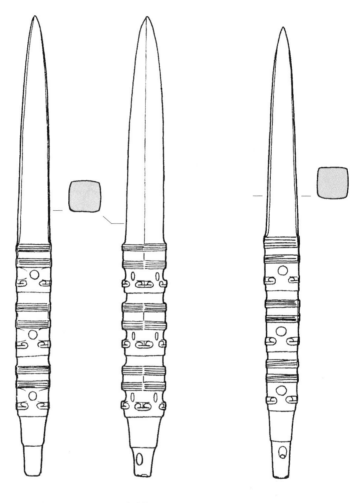

琮式锥形器

瑶山 M7：22~24 成组锥形器

一组10件，是少数所见为偶数的成组锥形器。其中2件为琮式，形制相同，三节神像图案，四角图案相连，未有分割，且共用一只眼睛，分别高12.2、12厘米。

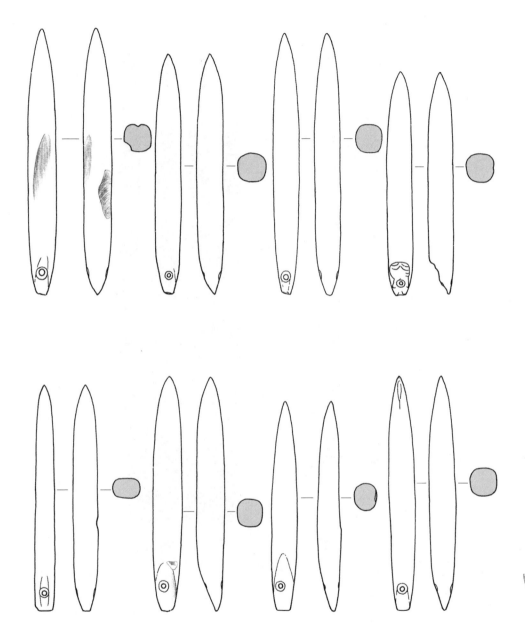

素面锥形器

0   1厘米

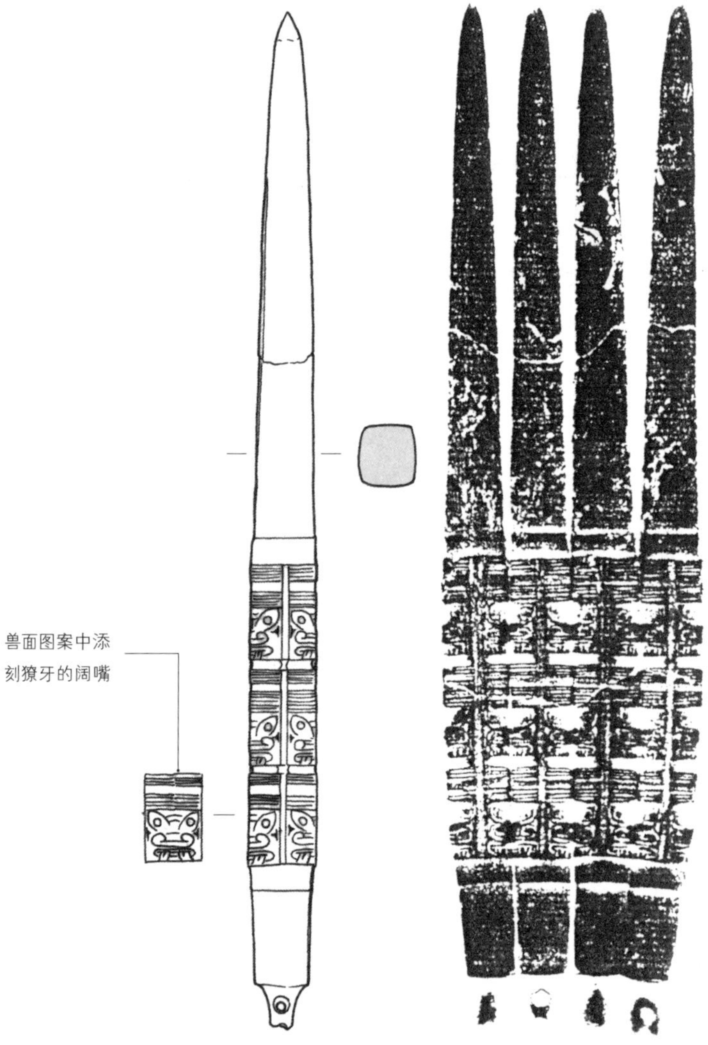

兽面图案中添
刻獠牙的阔嘴

琮式锥形器

瑶山 M9：7~10、17~19 成组锥形器

一组7件，3件素面，4件琮式，形式均不相同。最高的1件雕琢三节神像图案，兽面纹除了大眼和鼻端外，还刻画了獠牙，高13.5厘米。

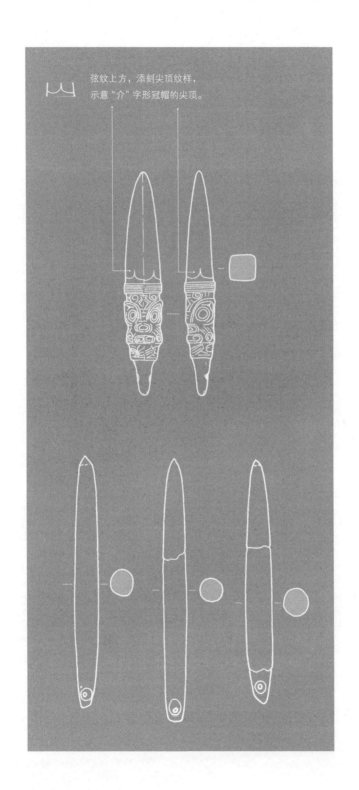

弦纹上方，添刻尖顶纹样，
示意"介"字形冠帽的尖顶。

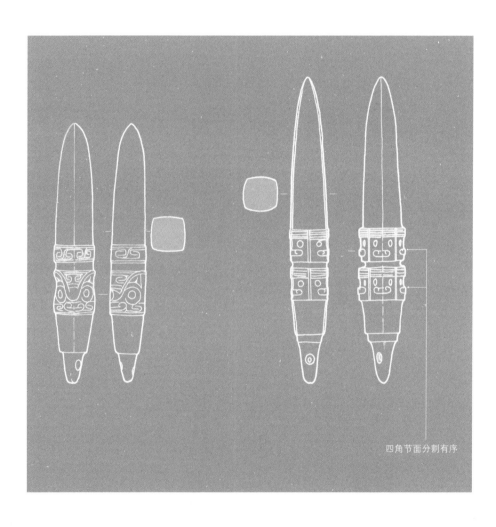

四角节面分割有序

头饰

成组半圆形器

　　一组4件，正面弧凸，背面凹弧且有缝缀隧孔，出土时呈圆周状分布于墓主的头部，推测原先应该缝缀在皮革类的载体上，作为头饰或冠饰（王冠）。成组半圆形器仅见于反山、瑶山墓地等级最高的墓葬。

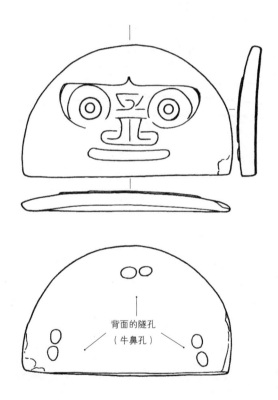

背面的隧孔
（牛鼻孔）

反山 M12：77~79、85 成组半圆形器

　　正面减地浅浮雕雕琢神兽像，图像简约，仅为线条勾勒。高3.4~3.5厘米不等。

尖突

耳朵
大眼

鼻梁

阔嘴

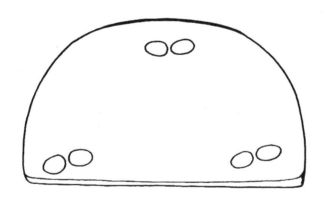

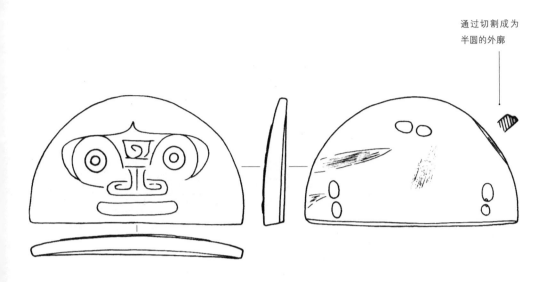

通过切割成为
半圆的外廓

减地浅浮雕

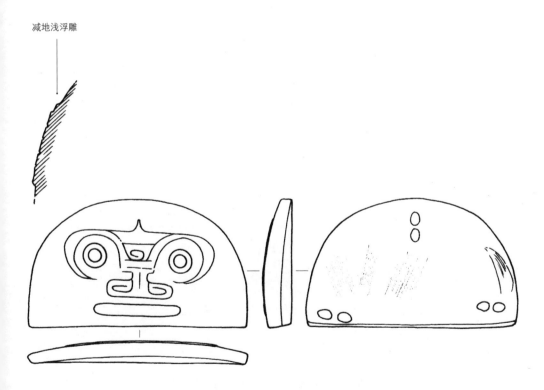

王：神的扮演者

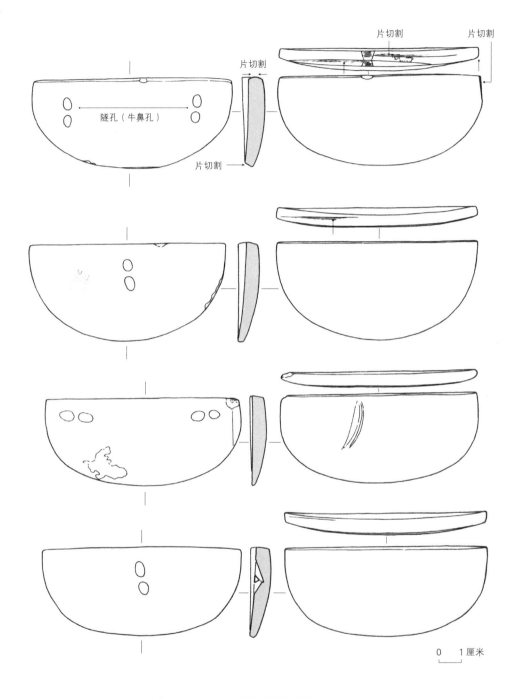

隧孔（牛鼻孔）

片切割

片切割

片切割

片切割

片切割

0　1厘米

反山 M20：44~47 成组半圆形器

素面。高3.83~4.2厘米不等。

项
饰

璜

最早装饰人体的最重要的玉器是玦，环状、切割一个豁口戴在耳朵上，起源于八九千年前的东北亚地区。随后装饰人体的玉器开始转移到颈部的挂饰和头顶的插件（前文所指的冠状器、三叉形器、成组锥形器、成组半圆形器），而璜则是颈部最为重要的挂饰。

璜起源于长江下游地区，从六七千年前马家浜文化时期的条形璜，五六千年前凌家滩文化、崧泽文化是璜的繁荣期，良渚文化早期出现半璧形璜。作为随葬品的璜以及纺轮，基本随葬于女性墓葬中。良渚文化中晚期，随着男性威权地位的绝对确立，璜就迅速退出了良渚文化玉器的舞台。

王：神的扮演者

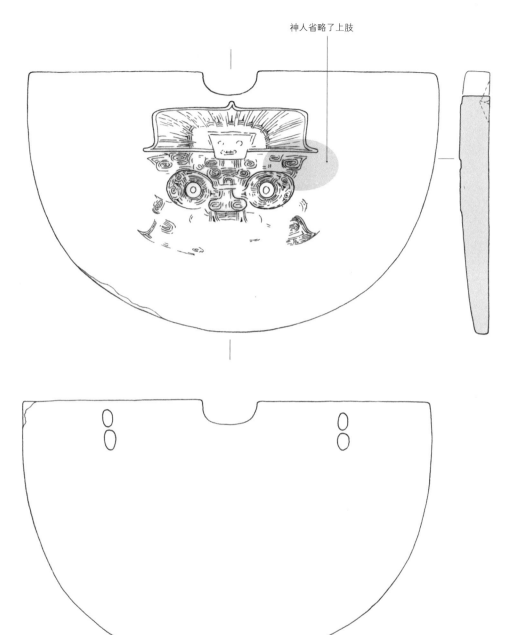

神人省略了上肢

0   1厘米

反山 M22：20 璜

　　正面微弧凸，减地浅浮雕的神像居中，省略神人的上肢部分。背面有缝缀隧
孔。高7.6厘米。

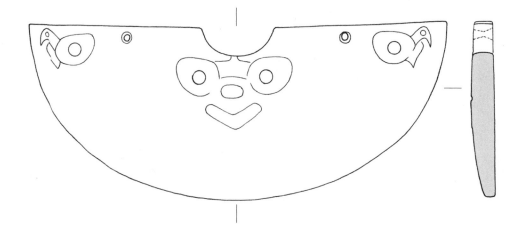

0　　1厘米

反山 M23：67 璜

　　正面微弧凸，以减地浅浮雕形式雕琢神兽和两侧的鸟纹，纹饰极为简略。神兽嘴巴呈"V"形，较为少见。高5.75厘米。

反山 M22：8 璜串

　　正面微弧凸，减地浅浮雕的神像居中，省略神人的上肢和神兽的下肢。该器形制特殊，未有璜所必须的半圆形凹缺，神像正视时璜体的半圆也朝上，出土时同样位于墓主头部上方，可能与管串结合作为冠饰使用。璜高4.17厘米。璜串复原围径逾40厘米。

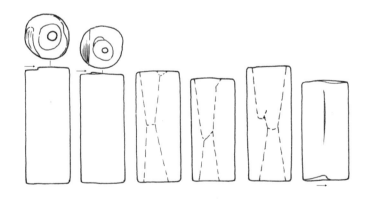

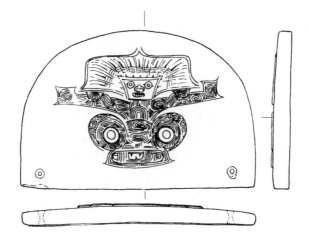

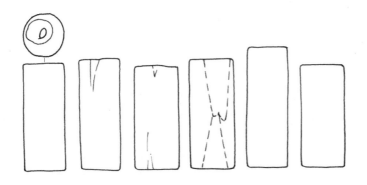

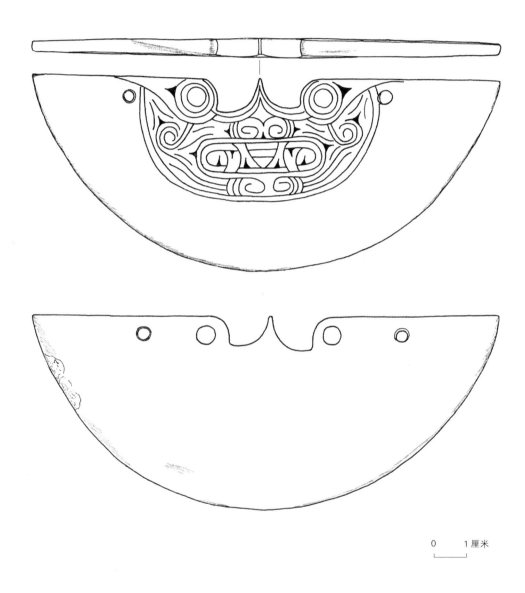

瑶山 M4：34 璜

正面雕琢神兽像，尖角大眼，颇像鸟喙。图像下部半圆弧状外廓，把獠牙的阔嘴和下肢包括在内，具有龙首纹图案的风格。大眼之间的尖突位于璜的凹缺部位。背面光素无纹。高5.7厘米。

0　　　1厘米

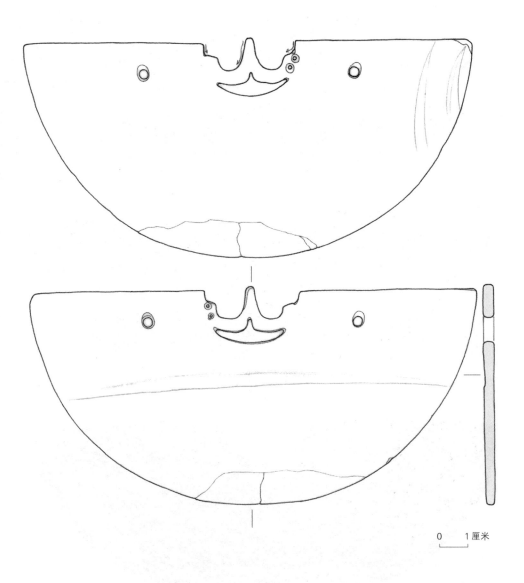

0　　1厘米

瑶山 M11：83 璜

　　半圆形凹缺部位透雕"介"字形冠帽的尖突，赋予璜常见的半圆形凹缺部位以另一种含义。高7.45厘米。

瑶山 M11：84 璜

　　正面微弧凸，透雕结合阴线刻画雕琢神兽像，图像独特。神兽大眼位于璜体两侧，鼻梁部位为"十"字形菱形纹，其下为宽"U"形鼻端。也可读识为各向两侧的龙形纹样。高4.8厘米。

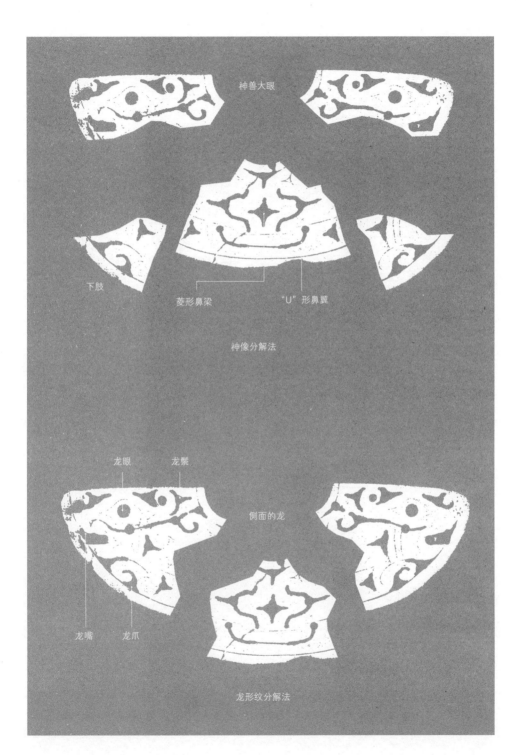

神兽大眼

下肢

菱形鼻梁　　　　　　"U"形鼻翼

神像分解法

龙眼　　　龙鬃

侧面的龙

龙嘴　　龙爪

龙形纹分解法

耳朵
眼睛
鼻梁
鼻翼
嘴巴

瑶山 M11：94 璜

　　桥形璜，缘面和璜体侧缘以减地浅浮雕刻画四组同向的龙首纹，龙首纹重圈大眼，上部为月牙形的耳朵，鼻梁部位为菱形，阔鼻翼下方的短竖线表示嘴巴。高2.9厘米。

項
饰

成组圆牌

　　成组圆牌是反山、瑶山发掘时根据出土状况和器物形态命名的，由多数钻系孔的小璧环和玦式圆牌组成，是女性权贵的专属随葬品。

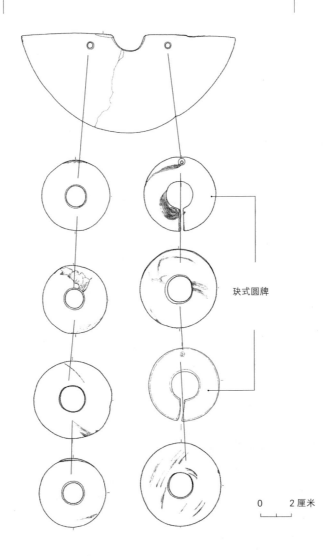

玦式圆牌

0　　2厘米

瑶山 M4:7~14 成组圆牌

　　一组8件，有2件为玦式圆牌。外径4.2~5.2厘米不等。出土时与璜相邻（M4:6璜，高0.05、宽13.7厘米），可能存在配伍关系，是一组原始的组佩。

龙首纹圆牌

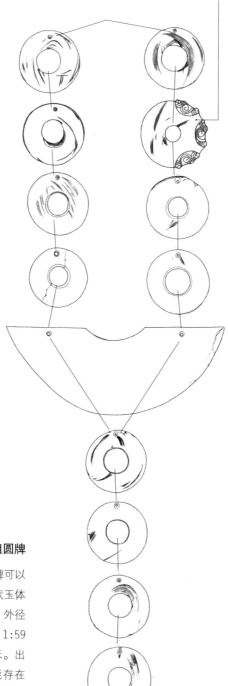

瑶山 M11：53、55~62 成组圆牌

　　一组12件，其中多件圆牌可以彼此拼接，制作时先将圆柱状玉体双向钻孔，然后再横向切割。外径4.15~4.7厘米不等。其中M11:59为龙首纹圆牌，直径4.7厘米。出土时与M11:54璜相邻，可能存在配伍关系。M11:54璜，高6.3厘米，宽15.6厘米。

0　　　2厘米

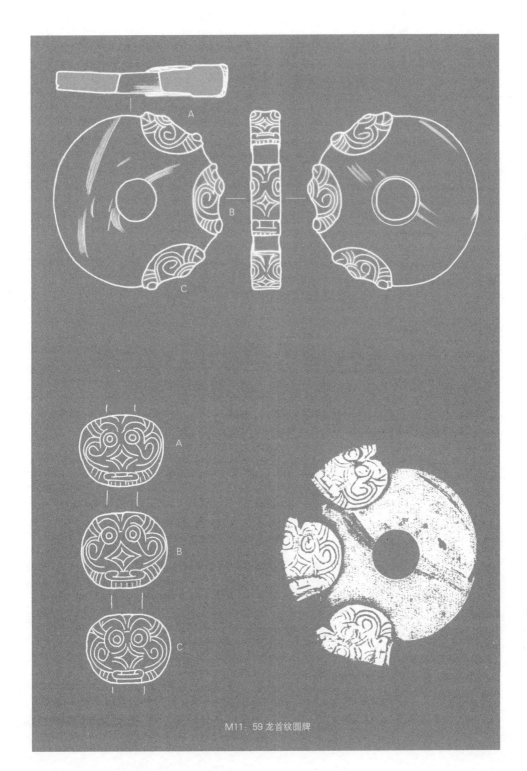

M11：59龙首纹圆牌

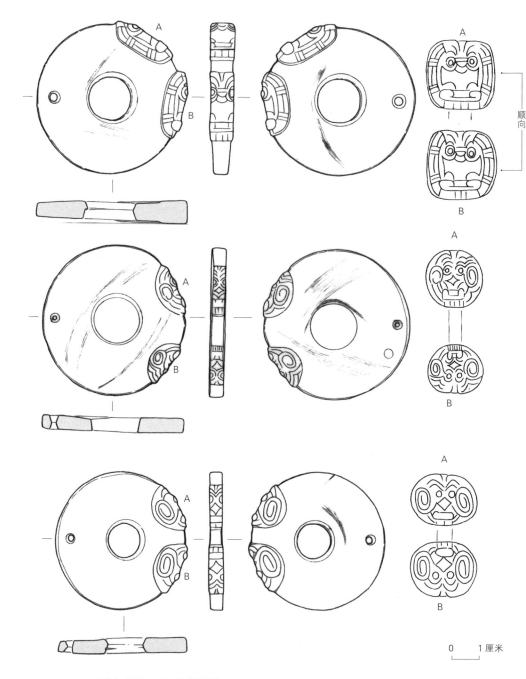

順向

0   1厘米

反山 M22：26 成组圆牌

　　一组6件，每件均减地浅浮雕雕琢龙首纹两组，除1件顺向外，其余5件的龙首纹均相对。出土时纵向布列于墓主胸腹部位，系孔朝上，下端还有2件纵向并列的玉管，可能与之配伍。外径4.7~5.4厘米不等。

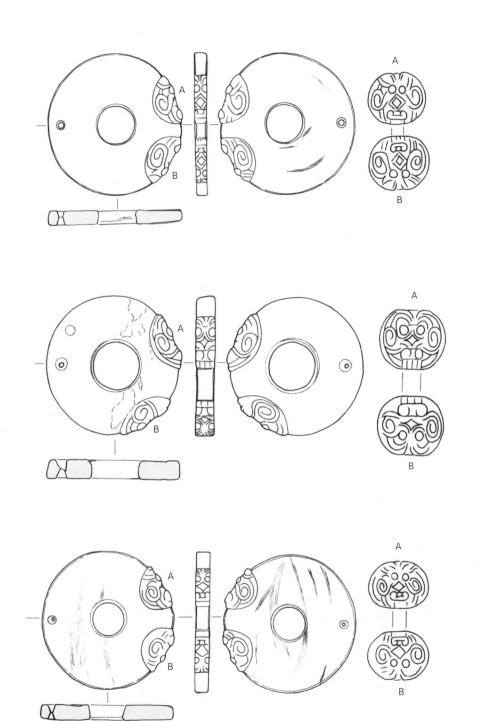

0 1厘米

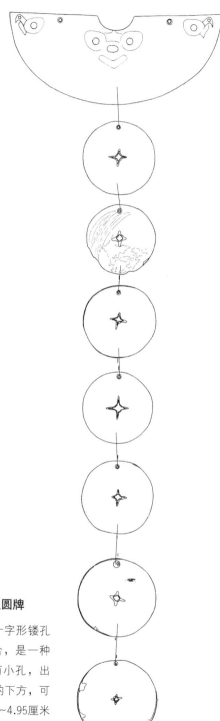

反山 M23：78~81、83~85 成组圆牌

　　一组7件，中间为线切割的十字形镂孔（菱形镂孔），圆和菱形的组合，是一种太阳图像的表述，圆牌一端另有小孔，出土时纵向排列，位于M23：67璜的下方，可能彼此组合为原始组佩。外径4.3~4.95厘米不等。

0　1厘米

其他饰件

牌饰

　　是指那些通过背面隧孔缝缀，或通过穿孔穿挂在服饰上的玉器，形制不一，是个暂称。

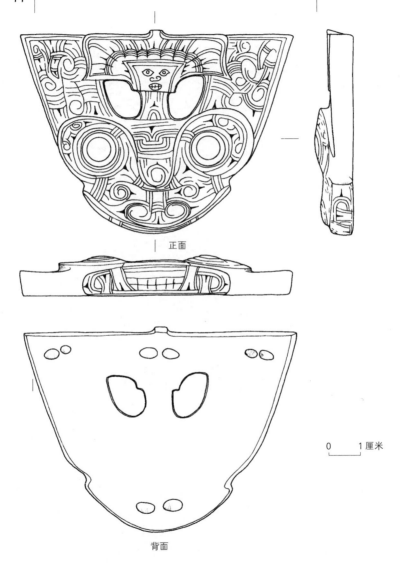

正面

背面

0　　1厘米

瑶山 M10：20 牌饰

　　整器呈俯冲的鸟形，正面以减地浅浮雕和阴线刻画相结合雕琢神像，上部为神人，省略上肢，下部为兽面，獠牙的阔嘴雕琢于弧形的器底边缘。背面有四组隧孔。高6.1厘米。

王：神的扮演者

069

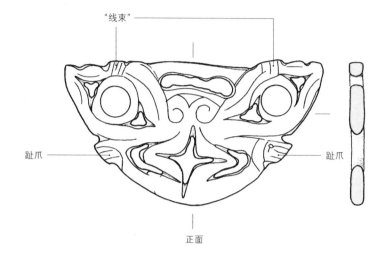

"线束"

趾爪

趾爪

正面

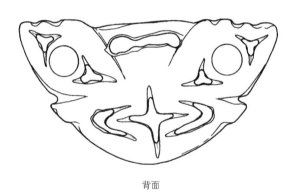

背面

瑶山 M7：55 牌饰

正面以镂孔和阴线刻画雕琢神兽，背面无阴线刻画，神兽大眼与崧泽文化晚期陶器上的圆和弧边三角组合纹样最为接近，大眼上方为"线束"，鼻梁部位雕琢"十"字形菱形纹样，鼻梁两侧的锯齿状突起，似为神兽的趾爪。高3.9厘米。此器与反山M16：3牌饰形制接近。

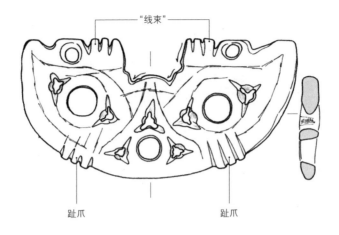

"线束"

趾爪   趾爪

反山 M16：3 璜形牌饰

整器呈璜形，两面结合镂孔阴线刻画神兽，纹样与瑶山M7：55牌饰颇为接近，与崧泽文化陶器上的圆和弧边三角组合纹样一致的大眼，眼部上方切割为锯齿状，以示"线束"，鼻梁部位镂刻不完整的菱形图案，菱形图案的中心是圆，两侧缘锯齿状镂刻视为神兽的趾爪。高3.75厘米。

柄形器

指器形扁平的条形玉器，形制不一，是个暂称。

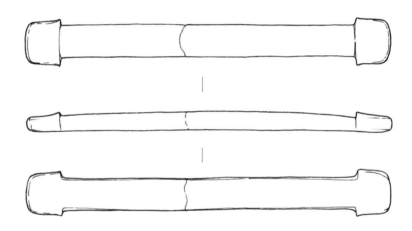

反山 M17：40 条形柄器

整器呈条柄状，横截面呈扁椭圆形，两端雕琢扁祖状（祖，男性生殖器）。通长10厘米。

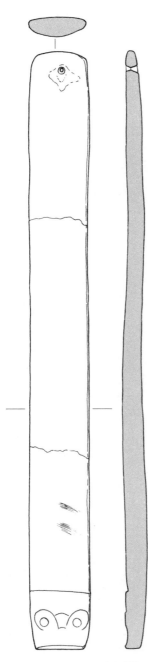

0   1厘米

反山 M17：37 柄形器

  整器扁平修长，横截面为扁状，正面较为弧凸，背面微弧凸，一端有系孔，弧凸面的另一端雕琢简约的神兽纹，仅为眼睛和眼梁，吻部上翘，整器如修长的"龙"形。通长20.5厘米。

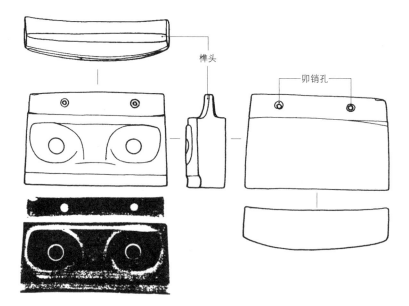

榫头

卯销孔

反山 M20：131 柄形器端饰

　　整器横截面呈弧弯状，其中弧突部位雕琢简略的神兽纹，榫头上钻有两卯销孔作为"基座"，固定卯销于某一载体上。高2.54厘米。

其他饰件

带钩

　　良渚文化玉带钩出土数量不多，出土时大体位于墓主人腰际或稍下部位，考虑到一些带钩出土时下方还叠压其他玉器，可能与后世用于服饰的同名器有不同的功能，也可能作为墓主下葬后包裹用的特殊捆系器物，但仍是中国同类服饰中最早的器物。

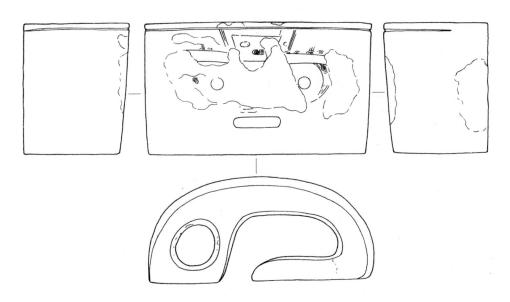

0　　1厘米

反山 M14：158 带钩

　　正面弧突，一端有一对钻孔，另一端线切割呈钩状。正面雕刻有神人兽面像，由于沁蚀较严重，已难以确切辨认纹饰细部。高3.7厘米，长7.78厘米。

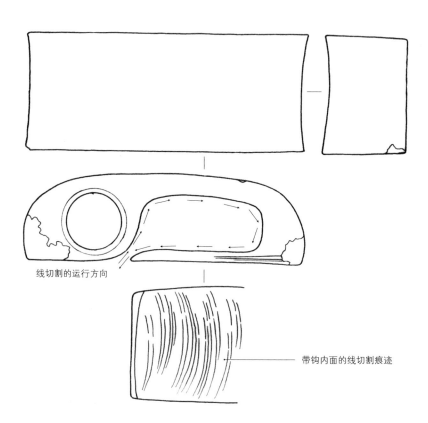

线切割的运行方向

带钩内面的线切割痕迹

反山 M20：125 带钩

　　正面弧凹，两端微凹。一端为对钻孔，另一端线切割呈钩状，切割的时候因为收线范围狭窄，使得留有的线切割痕迹呈双向状。高2.41厘米，长7.7厘米。

鸟

　　鸟是良渚文化图像中最丰富的题材，玉器上的神鸟，身体直接同步了神兽的大眼；陶器上的鸟纹，更是丰富多彩，有具象的鸟摹刻，也有以简约的线条勾勒出的抽象鸟纹。反山、瑶山出土的玉鸟，作展翅飞翔状，正面雕琢纹样，眼睛部位还多移植了神兽大眼，背面有隧孔，缝缀在服饰上。

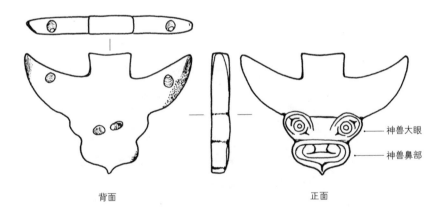

背面　　　　　　　　　　　　　　　正面

神兽大眼

神兽鼻部

瑶山 M2：70 玉鸟

鸟眼移植了神兽的大眼和鼻部。高3.2厘米。

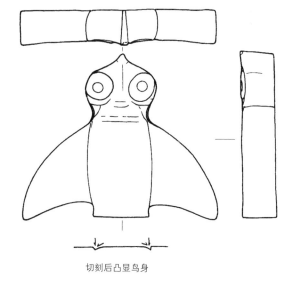

切刻后凸显鸟身

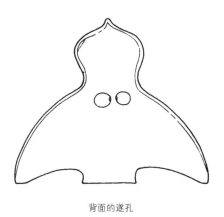

背面的遂孔

反山 M14：259 玉鸟

　　鸟眼重圈，外圈为减地突起，内圈为管钻，直径约2.5毫米。背部各向两翼作斜向切刻。高4.36厘米。

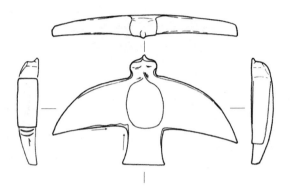

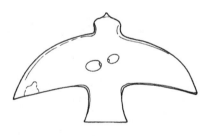

反山 M15：5 玉鸟

　　鸟头与鸟尾微上翘。鸟嘴以及鸟眼以切磨方式表示。鸟背切刻呈蒜头形。一侧
鸟翼与鸟尾之间尚留有线切割痕迹。高2.95厘米。

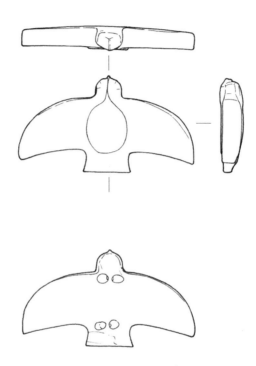

反山 M17：60 玉鸟

　　鸟头与鸟尾微上翘。鸟嘴以及鸟眼以切磨方式表示。鸟背切磨呈蒜头形，与鸟头相接。高2.54厘米。

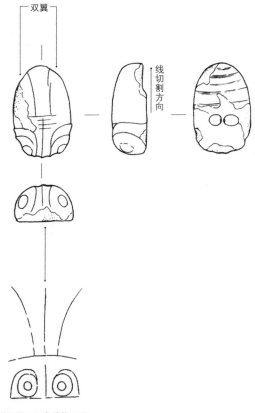

双翼

线切割方向

蝉眼展开同龙首纹双眼

反山 M14：187 玉蝉

    蝉象征着复活和重生。整体椭圆形，背弧凸，以凹凸的弧线勾勒出眼、翼。其中眼部展开后与龙首纹眼睛非常接近。腹部钻有一对横向的隧孔。长2.35厘米。

王：神的扮演者

081

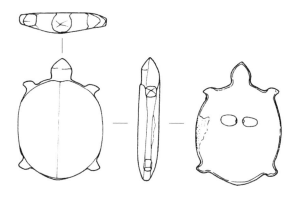

反山 M17：39 玉龟

  头颈前伸，中部有一道折脊线，四爪短小，作爬行状，背上有纵向脊线。腹部平整，有一对横向的隧孔。长3.2厘米。良渚古城凤山也曾采集小玉龟1件，有尾巴，可见玉龟也有雌雄分别。

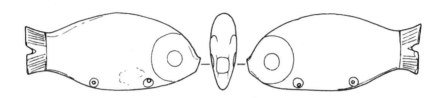

反山 M22：23 玉鱼

　　头部切磨微凸起，刻画眼部，拱背收腹，鱼鳍分叉，刻有斜向细线。鱼腹部位对钻有两个系挂小孔。长4.83厘米。

其他饰件

龙首纹玉器

玉龙最早出现在东北西辽河流域的红山文化，崧泽文化晚期至良渚文化早期，太湖流域受红山文化传播影响出现玉龙，除了单体的小玉龙，图纹取自蜷曲玉龙的首部，是为龙首纹。龙首纹往往以一个正面和两个侧面表现龙首的形象，往往雕琢于圆牌（小玉璧）、璜等的缘面。

对龙首纹进行二方连续（二方连续是由一个单位纹样，向上下或左右两个方向反复连续而形成的纹样）的处理，是为龙首图案，往往雕琢于管珠等外壁。良渚文化神像也包涵有龙首纹图像的元素。

反山、瑶山属于良渚文化早期，也是龙首纹玉器尚盛行的时期，以瑶山龙首纹玉器尤为瞩目。

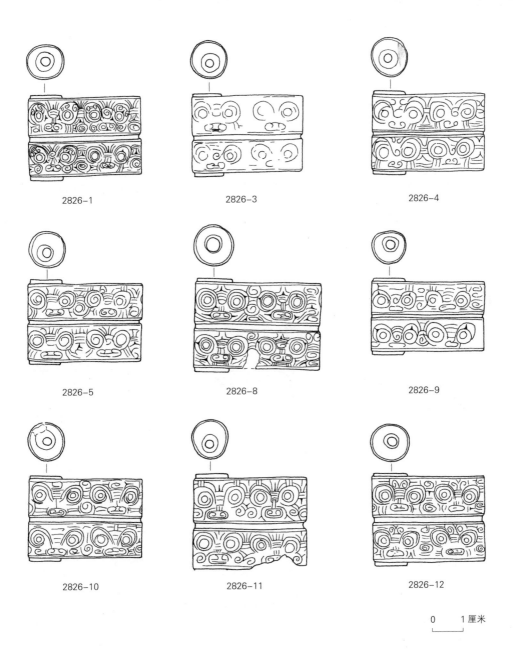

2826-1　　2826-3　　2826-4

2826-5　　2826-8　　2826-9

2826-10　　2826-11　　2826-12

0　　　1厘米

瑶山 M12-2826 刻纹玉管

　　共37件，5件残甚。因为该墓遭到盗掘，实际数量应超出此数。外壁浅浮雕结合阴线刻画神兽纹，以浅凹槽分为上下两节，每节两组神兽纹，重圈大眼，椭圆形鼻部，眼梁上方多有放射状羽线，眼睛上方也往往有"线束"刻画。37件刻纹玉管的纹样大体接近，但无一完全相同者。M12-2826~16最高，3.57厘米。

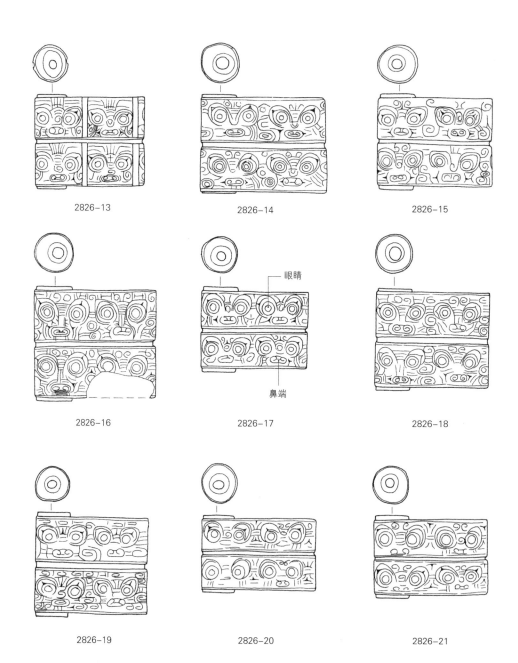

2826-13

2826-14

2826-15

2826-16

眼睛

鼻端

2826-17

2826-18

2826-19

2826-20

2826-21

0   1厘米

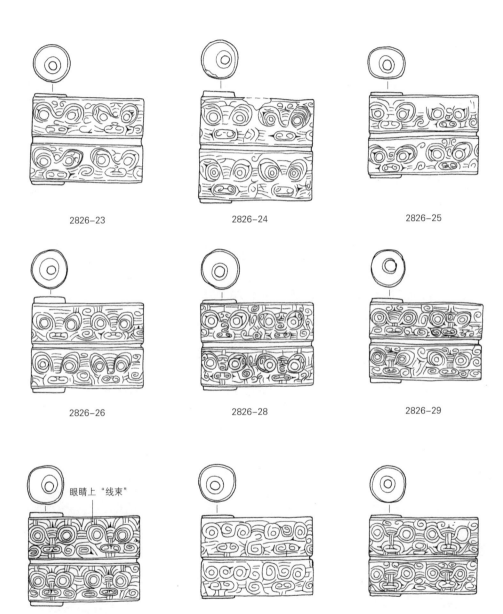

2826-23　　　　　　　　　　2826-24　　　　　　　　　　2826-25

2826-26　　　　　　　　　　2826-28　　　　　　　　　　2826-29

眼睛上"线束"

2826-30　　　　　　　　　　2826-31　　　　　　　　　　2826-32

0　　　1厘米

瑶山 M2：17 龙首纹圆牌

外缘雕琢三个浅浮雕龙首纹，以菱形刻画连接。外径4.1厘米。

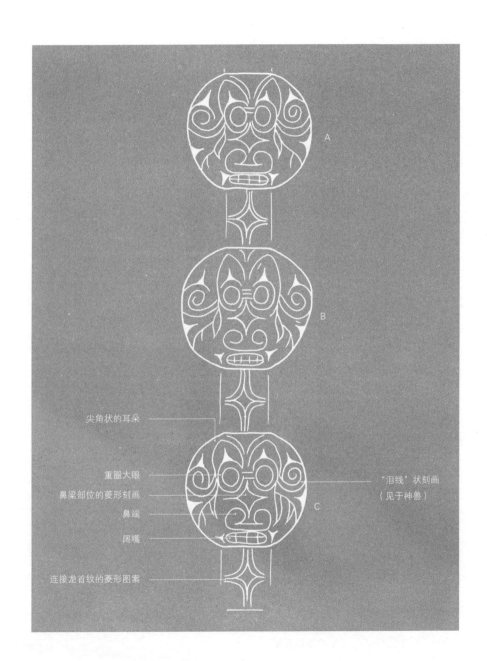

尖角状的耳朵

重圈大眼
鼻梁部位的菱形刻画
鼻端
阔嘴

连接龙首纹的菱形图案

"泪线"状刻画
（见于神兽）

A

B

C

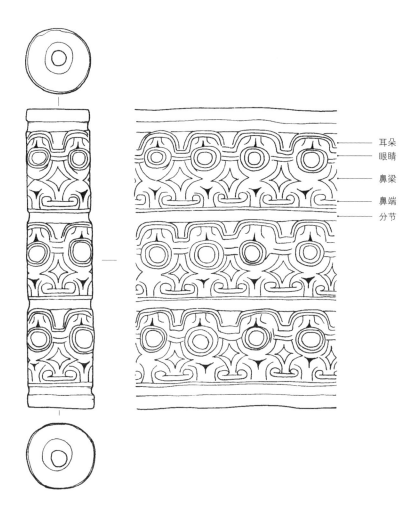

耳朵
眼睛

鼻梁

鼻端

分节

瑶山 M10：21 龙首纹玉管

　　龙首纹简约为二方连续的龙首图案，由耳朵、眼睛、鼻梁、鼻端组成，共三节。高8厘米。

耳朵
眼睛
鼻梁
鼻端

瑶山 M9：5 龙首纹玉管

龙首图案以二方连续方式出现，仅一节。高3.7厘米。

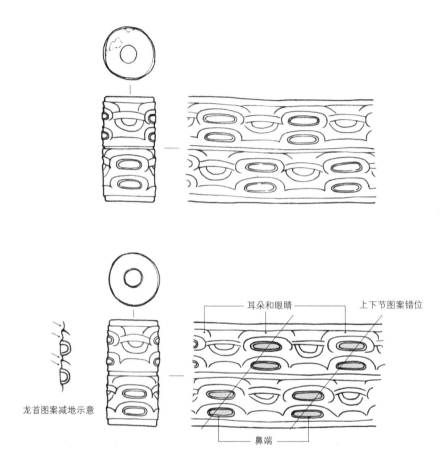

耳朵和眼睛　　　上下节图案错位

龙首图案减地示意

鼻端

反山 M12：129-1、2 龙首纹玉管

　　以浅浮雕和线刻雕琢龙首纹图案，分上下两节。每节雕刻椭圆形眼睛两个，以微拱弧状与眼梁相连，下部以椭圆形纹饰代表鼻端。上下节图案错位。高2.85厘米。

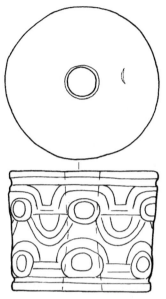

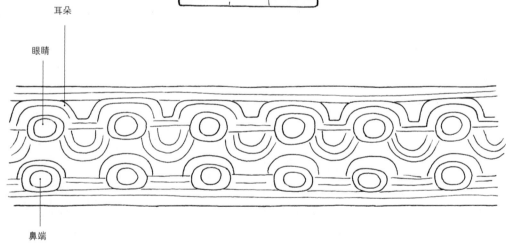

耳朵

眼睛

鼻端

反山 M16：1 龙首纹柱形器

　　柱形器上端径略大于下端径（用管钻芯制作），对钻孔。柱体外壁雕琢龙首纹，眼部减地突出，内填刻重圈，有相连的眼梁，双眼下面也即鼻梁部位刻画三道垂帘状线条，下部为减地突出的鼻端，内里填刻重圈，鼻端之间以两道刻画相连。图案二方连续一周，可分三组。通高3.2厘米。

琮

神权中的天地宇宙观

野外照片：反山 M12 琮等出土状况

琮是良渚文化最具代表性的玉器，如果对良渚文化琮进行解构，把琮上下的圆视为天地，把贯穿上下的射孔视为通道和主柱，把连接琮上下的直槽和节面视为方位和通道（"二绳"和"四维"），那么这一复杂几何形式的立体，是当时天地宇宙观的象征。琮往往为高等级的墓主人拥有，反映了宇宙观和神权的结合。

琮

琮

琮式玉器

琮式柱形器　琮式锥形器　小琮（琮式管）

琮

　　良渚文化琮的功能较为复杂，有的作为臂穿佩戴，有的放置于头侧等特别位置，有的放置于肢体旁，甚至还有的作为特别的器座，用于插放豪华权杖等等。良渚文化琮的基本形制和要素包括圆形的外廓、四角、分割四角的直槽、中间贯穿的射孔，以及四角以整体展开法展示的神像图案（整体展开法，既表现物体正面的形象，同时也表现物体的两个侧面，是为整体展开法，如商周青铜器上的饕餮纹）。所有的良渚文化玉琮，都有意雕琢为上大下小的形制，这也是仰视所需的视角。

　　除了单体的琮，琮的形式还被雕琢在锥形器、柱形器上，还出现一类管状小型琮，称为小琮或琮式管。

反山 M12：98 琮

该琮出土于反山王陵核心墓葬M12，位于墓主头左侧下方，体形硕大、玉质上佳、雕琢精美，被誉为"琮王"。

器形呈扁矮的方柱体，内圆外方，上大下小，上下端为圆面的射，中有对钻射孔，留有台痕。下端有取料时形成的凹缺。整器俯视如璧形。琮体外壁四面由约5厘米宽的直槽分割，再由横槽分为两组四节，分别为神人节面、神兽和神鸟节面、神人节面、神兽与神鸟节面，每节高度若一。直槽内上下各琢刻神人兽面像，共8个，结构基本一致，细部有差异，单个图像高约3厘米，宽约4厘米，用浅浮雕和细线刻两种技法雕琢而成，堪称微雕。节面图案以整体展开法表现，神人节面的弦纹之间填刻螺旋和小尖喙组合图案，神鸟与神兽共节面。

整器通高8.9厘米，上射面外径17.1~17.6厘米，下射面外径16.5~17.5厘米，射孔外径5厘米，内直径3.8厘米。整器重约6500克。

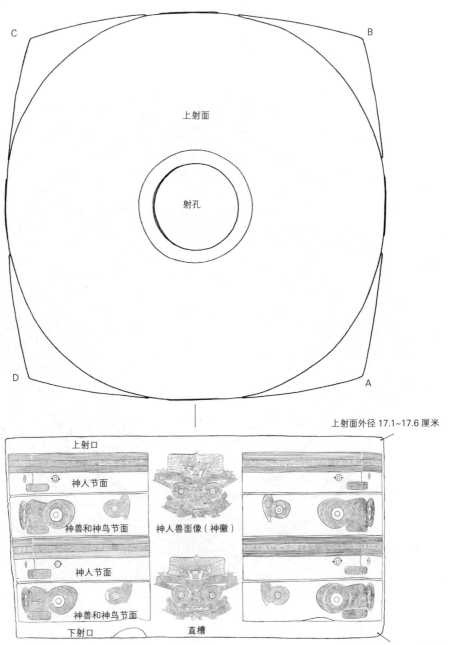

上射面

射孔

C

B

D

A

上射面外径 17.1~17.6 厘米

上射口

神人节面

神兽和神鸟节面

神人节面

神兽和神鸟节面

下射口

神人兽面像（神徽）

直槽

下射面外径 16.5~17.5 厘米

0   1 厘米

琮：神权中的天地宇宙观

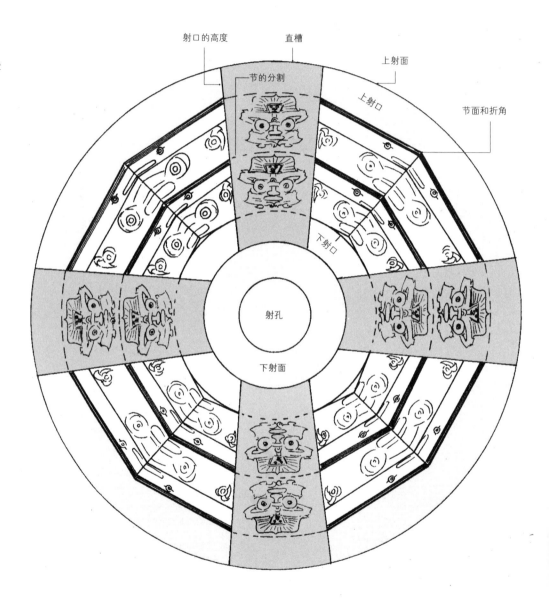

射口的高度　　　直槽

上射面

节的分割

上射口

节面和折角

下射口

射孔

下射面

仰视图

A—B直槽上

D—A直播下

D—A直槽上

A—B直槽下

B—C直槽上

B—C直槽下

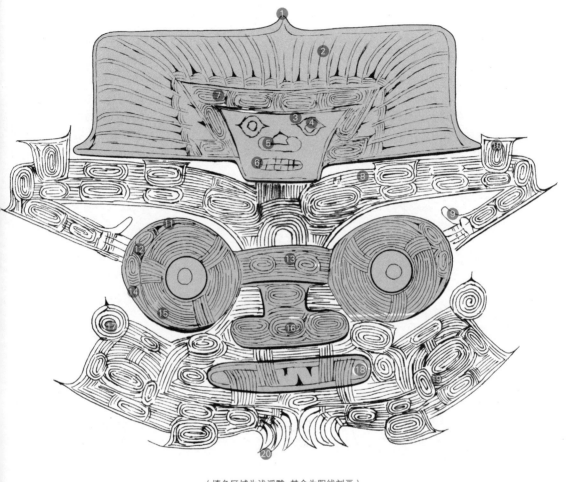

（填色区域为浅浮雕，其余为阴线刻画）

神人	神兽
❶弓形的"介"字形冠冕	⓫椭圆形重圈大眼
❷"介"字形冠冕内放射形的羽毛	⓬重圈大眼斜上侧的月牙形耳朵子遗
❸倒梯形的脸框	⓭椭圆形重圈大眼之间的眼梁
❹脸框内带眼角的重圈小眼	⓮重圈大眼斜上角的小尖喙
❺脸框内悬蒜状的鼻和两侧的鼻翼	⓯重圈大眼内的线束
❻脸框内平齐牙齿的扁圆形口	⓰眼梁下方的鼻梁和鼻端
❼脸框外缘的风字形帽	⓱膝部的臂章状突起
❽延伸平举肘部向里弯折的双臂	⓲尖锐獠牙的阔嘴
❾十指平伸拇指上翘	⓳膝部转向里弯曲的双腿
❿上臂外缘的臂章状突起	⓴鸟或虎的趾爪

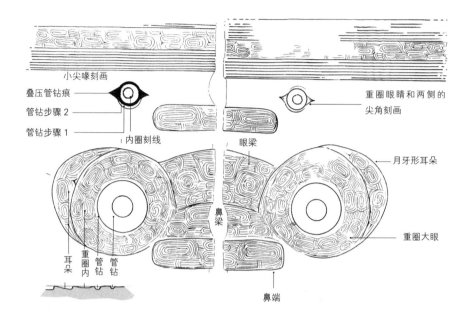

小尖喙刻画

叠压管钻痕

管钻步骤 2

管钻步骤 1

内圈刻线

眼梁

重圈眼睛和两侧的
尖角刻画

月牙形耳朵

鼻梁

重圈大眼

耳朵
重圈内
管钻
管钻

鼻端

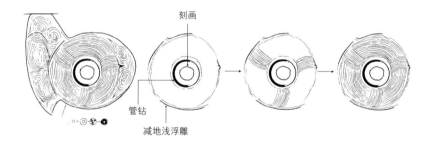

刻画

管钻

减地浅浮雕

重圈的雕琢步骤

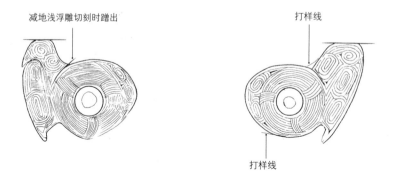

减地浅浮雕切刻时蹭出

打样线

打样线

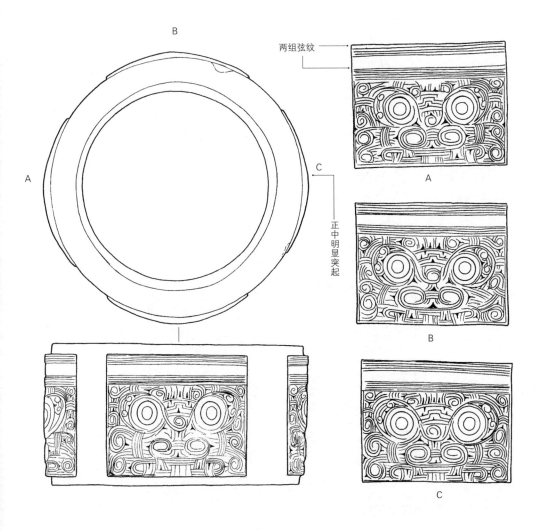

两组弦纹

正中明显突起

A

B

C

0   1厘米

瑶山 M10：15 圆琮

　　圆筒形，外壁雕琢对称的四组长方形弧凸面，中间已有明显的隆起。弧凸面上雕琢神兽纹，神兽纹上部为两组弦纹，表示冠帽，神兽纹由眼睛、鼻、嘴组成。高4.5厘米，孔径6.4厘米。

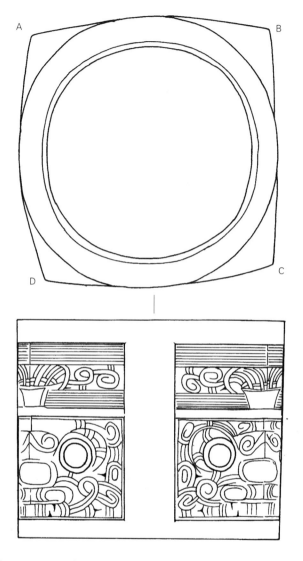

瑶山 M12-2789 琮

　　四角雕琢四个神像。是迄今唯一一件可以释读琮节面两组弦纹含义的琮，以线切割分为上下两节，上节为两组弦纹，弦纹之间和下弦纹部位雕琢神人的脸面和冠帽，冠帽内填刻放射状羽线。由此可知，琮节面上的弦纹实际上是神人冠帽的象征。下节为神兽面，重圈大眼，上方有"线束"状刻画，斜上侧为月牙形耳朵的孑遗，斜下侧为"泪线"，连接大眼的眼梁部位刻画"人"字形刻线，这一刻画的实体还见于安徽凌家滩墓地的头部冠饰，鼻梁部位为椭圆形刻画，鼻端下为有獠牙的阔嘴。

　　其他琮节面高度若一，唯独该琮上下节高度不同，实际上可视为一节。高5.75厘米，孔径5.75厘米。

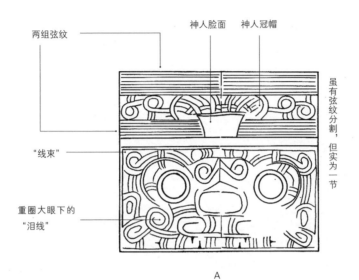

两组弦纹

神人脸面　神人冠帽

"线束"

重圈大眼下的
"泪线"

虽有弦纹分割，但实为一节

A

C

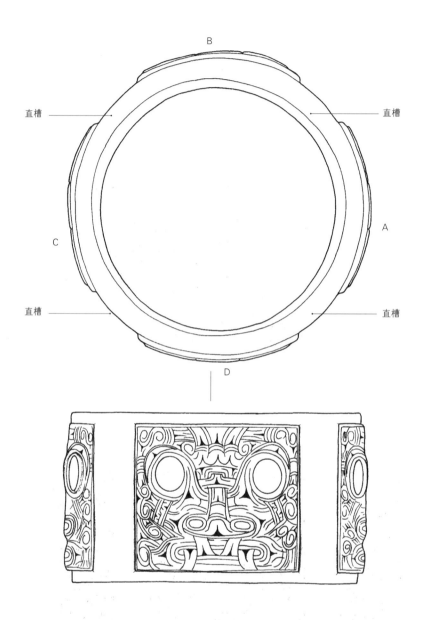

瑶山 M9：4 圆琮

　　圆筒形，外壁雕琢四个对称的长方形弧凸块，各以浅浮雕和阴线刻雕琢神兽，重圈大眼，眼梁上方放射状羽线，重圈大眼的斜下方刻画"泪线"，獠牙阔嘴。高4.5厘米，孔径6.3厘米。出土时位于墓主右臂部位，作为臂穿使用。

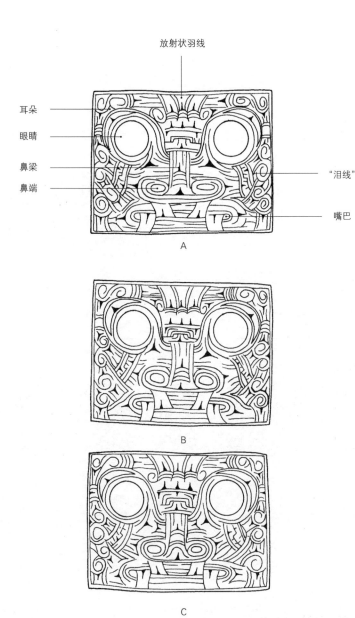

放射状羽线

耳朵

眼睛

鼻梁

鼻端

"泪线"

嘴巴

A

B

C

0   1厘米

瑶山 M10：19 琮

　　四角雕琢四个神像，两节，上节为神人节面，神人眼睛与节面填刻的螺旋线和小尖喙浑然一体，下节为神兽，节面填刻螺旋线和小尖喙的地纹（地纹，作为主体纹饰的衬地）。高5.2厘米，孔径5.9厘米。

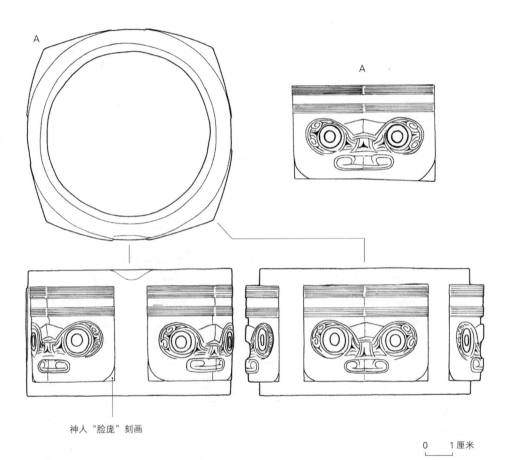

神人"脸庞"刻画

0 ___ 1厘米

瑶山 M7：34 琮

四角雕琢四个神像，一节，神兽节面，节面上部为两组弦纹，下部为兽面，刻画脸庞线。高4.4厘米，孔径6.4厘米。

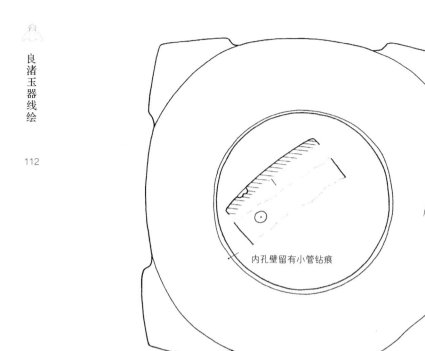

内孔壁留有小管钻痕

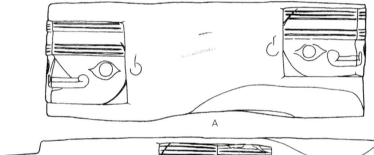

A

A

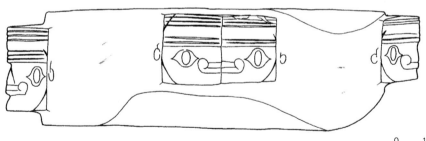

0　　1厘米

瑶山 M7：50 琮

　　琮底端不平，是依原料切割留下的不规则形态，一节，神人像，刻画脸庞线。节面外一侧，也即直槽的两侧，留有半圆线和短线刻画，当为神人的耳朵。射孔内壁另留有小管钻痕，性质不明。高4.2厘米，孔径6.4厘米。

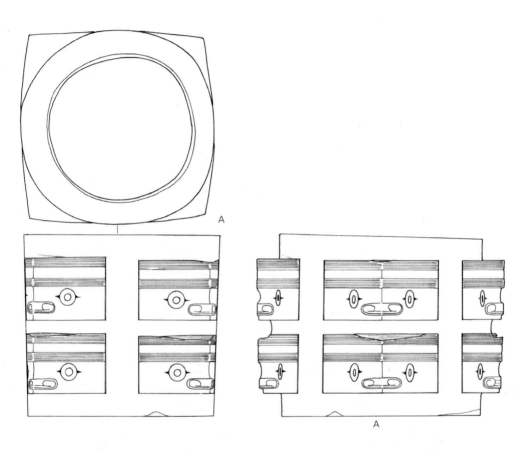

瑶山 M12-2785 琮

两节，均刻神人像。高7.9厘米，孔径6.5~6.6厘米。

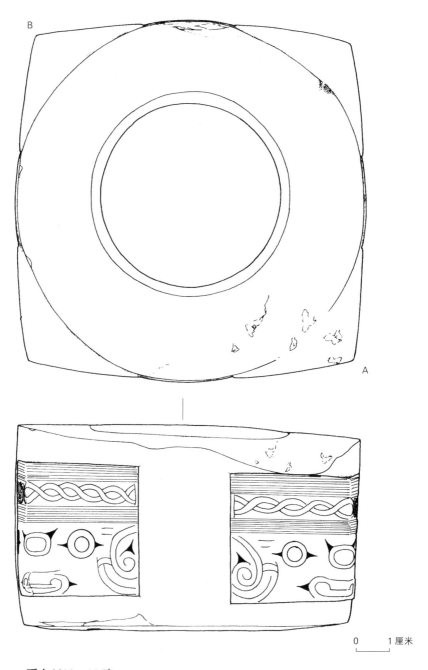

瑶山 M10：16 琮

　　一节，神人节面，弦纹之间填刻绞索纹，神人两侧为螺旋线结合小尖喙纹样，小尖喙甚像鸟喙，这类螺旋线结合小尖喙的纹样或图案，极有可能都是鸟纹的变体。高5.8厘米，孔径5.9厘米。

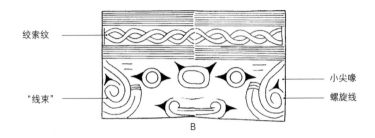

绞索纹

"线束"

小尖喙

螺旋线

B

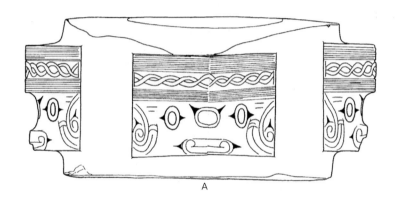

A

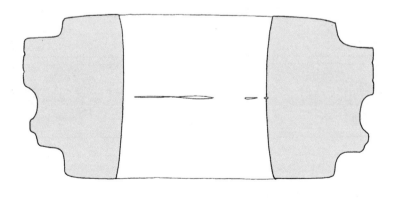

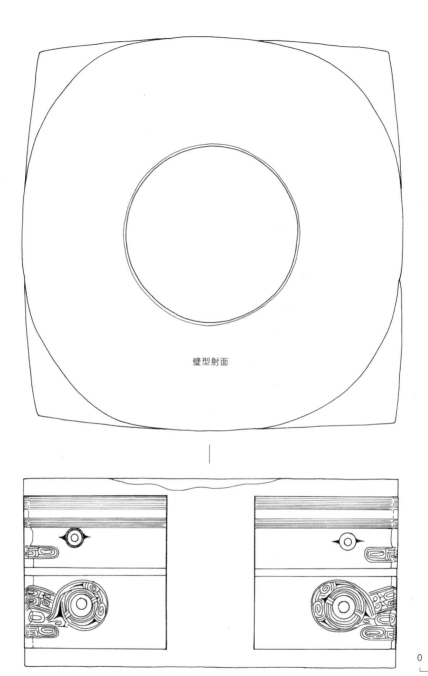

璧型射面

0 1厘米

瑶山 M12-2784 琮

　　是良渚遗址仅次于反山M12：98琮王的大琮。两节，神人和神兽节面。上射面因为玉料的缺陷，有凹缺面。高6.05厘米，射面外径约12.7厘米，孔径5.7厘米。

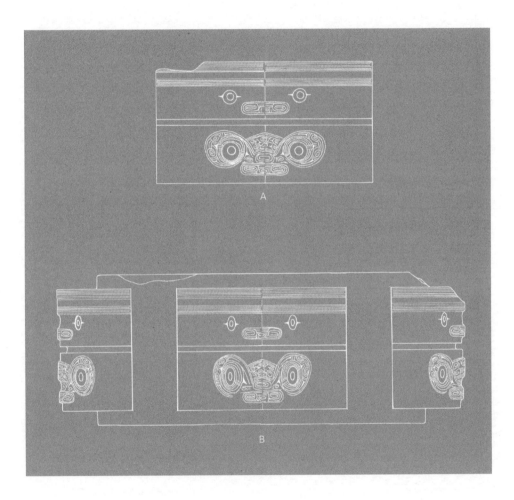

A

B

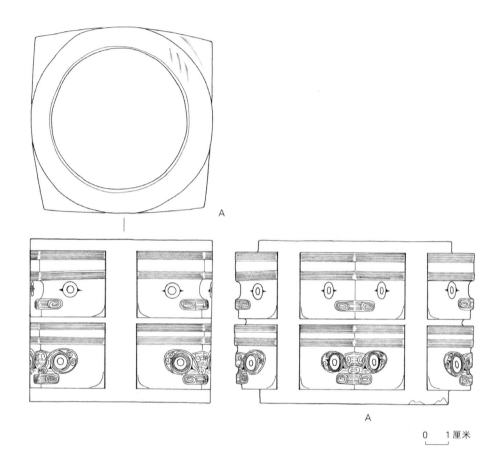

A

A

0　1厘米

瑶山 M12-2786 琮

　　两节，上节神人，下节神兽，神人和神兽节面均刻画脸庞线。高6.95~7厘米，孔径6.15厘米。

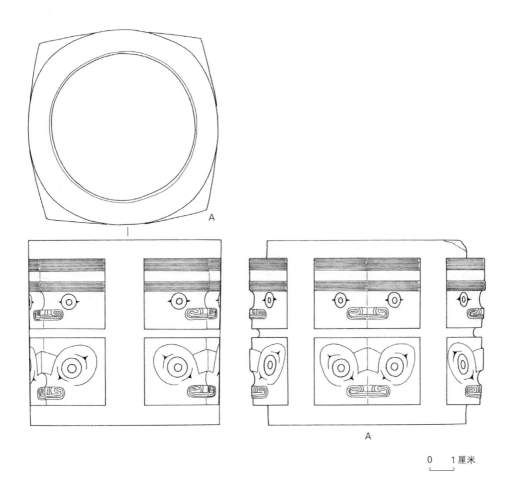

0　　1厘米

瑶山 M12-2787 琮

　　两节，神兽节面的兽面大眼呈椭圆形，将原先的重圈大眼和月牙形耳朵合二为一，眼睛刻画为重圈及两侧的弧线三角（尖喙），与崧泽文化晚期陶器上盛行的圆和弧边三角组合纹样完全一致，高7.4厘米，孔径6.3厘米。

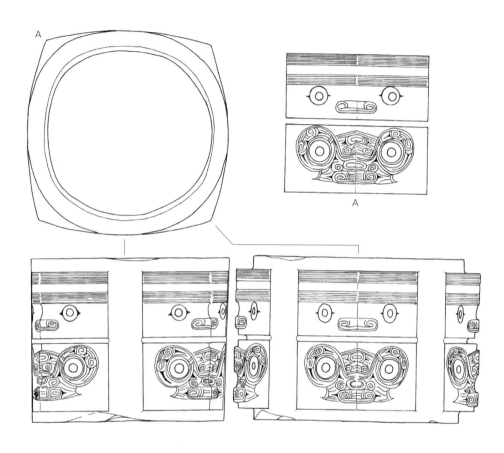

0　　1厘米

瑶山 M12-2788 琮

　　两节，神人和神兽节面，唯神兽鼻端两侧另添刻小尖喙。高5.8厘米，孔径6.2厘米。

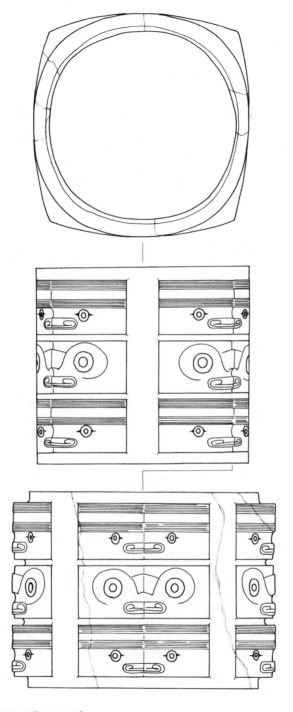

瑶山西墓 2842 琮

　　三节，分别为神人、神兽、神人节面，神兽重圈大眼的斜上下侧未雕琢小尖喙
纹样。高5.85厘米，孔径5.9厘米。

0　　　1厘米

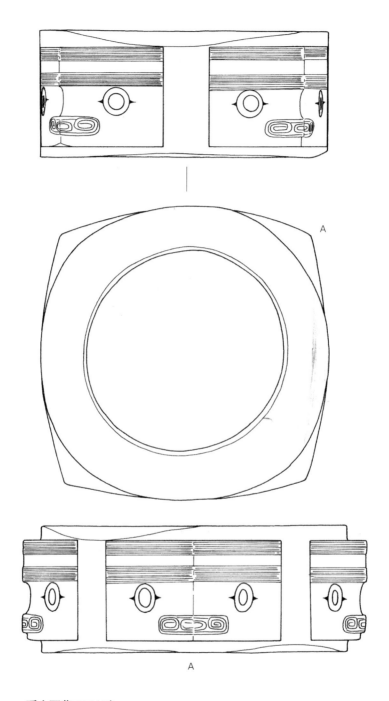

瑶山西墓 2844 琮

一节，为神人节面，鼻端填刻有螺旋纹。高2.93~3.45厘米，孔径5.82厘米。

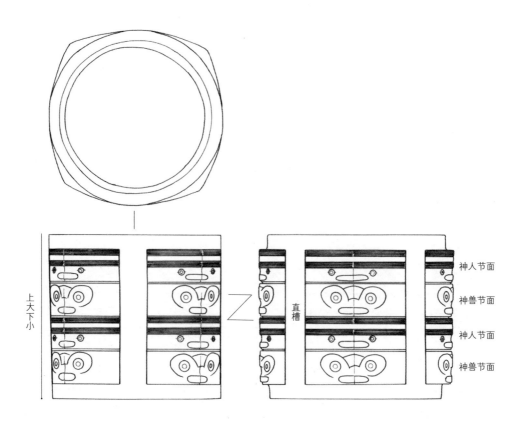

上大下小

直槽

神人节面

神兽节面

神人节面

神兽节面

0　　1厘米

反山 M12：90 琮

　　四节，神人节面和神兽节面交错。神人上部的弦纹，在宽仅2.2毫米中刻画线条约10条，肉眼极难辨识。高6.6厘米，孔径5.65厘米。

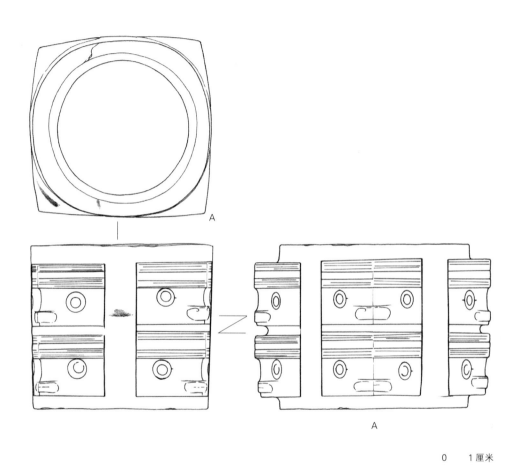

反山 M12：92 琮

两节，神人节面。高6.7~6.9厘米，孔径5.55厘米。

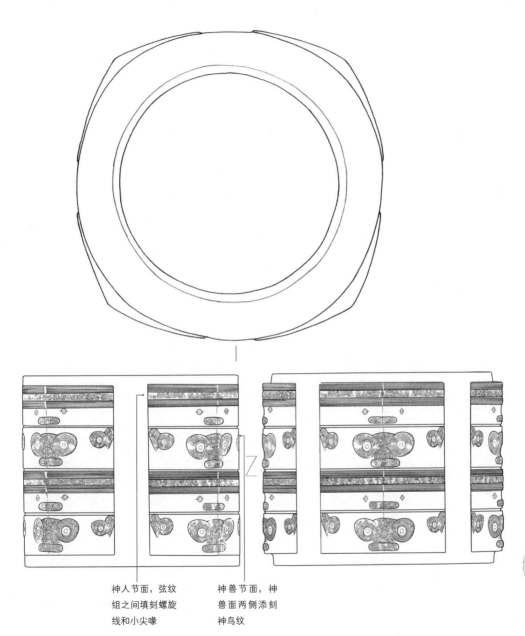

神人节面，弦纹
组之间填刻螺旋
线和小尖喙

神兽节面，神
兽面两侧添刻
神鸟纹

反山 M12：93 琮

　　四节，为神人和神兽节面交错。神兽节面两侧添刻神鸟纹；神人节面的弦纹组之间填刻螺旋线和小尖喙，每组弦纹的线条数量基本一致，多达13条。高7厘米，孔径5.9厘米。

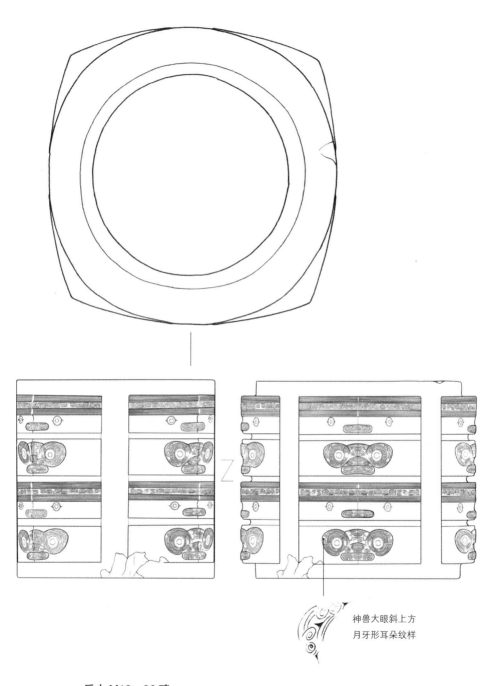

神兽大眼斜上方
月牙形耳朵纹样

反山 M12：96 琮

四节，神人和神兽节面交错，神人上部弦纹之间填刻螺旋线和小尖喙。神兽
重圈大眼的月牙形耳朵部位，填刻的纹样较为繁缛，一般小尖喙两侧各为一个螺旋
线，该琮填刻了两个。高7.5厘米，孔径5.3厘米。

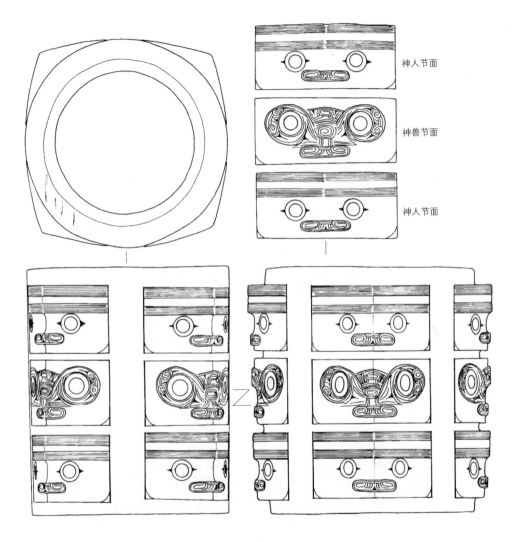

神人节面

神兽节面

神人节面

0 1厘米

反山 M12：97 琮

　　三节，分别为神人、神兽、神人节面，均刻画脸庞线。高9.8~9.9厘米，孔径5.8厘米。

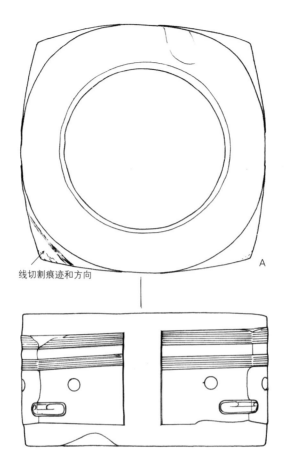

线切割痕迹和方向

A

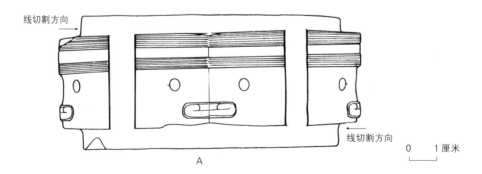

线切割方向

线切割方向

A

0   1厘米

反山 M14：179 琮

一节，神人节面，神人眼睛管钻，管钻直径0.4厘米，眼睛两侧的尖喙（眼角）刻画甚浅。两个角的上下，也就是射口部位，留有线切割痕迹。高4.7厘米，孔径5.7厘米。

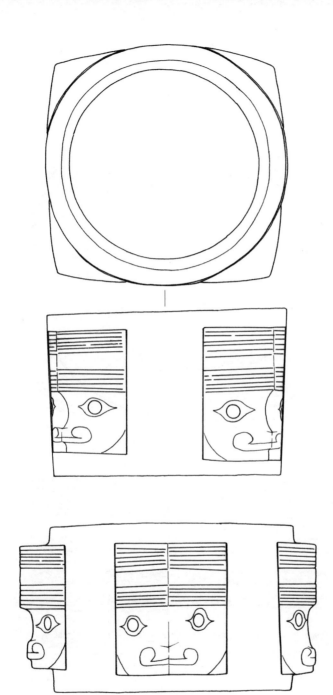

反山 M16：8 琮

一节，神人节面，刻画脸庞线。高5.4厘米，孔径6.2厘米。

0　　1厘米

反山 M14：181 琮

两节，均神人节面，神人重圈内的眼珠有个别未刻。高5.7厘米，孔径5.9厘米。

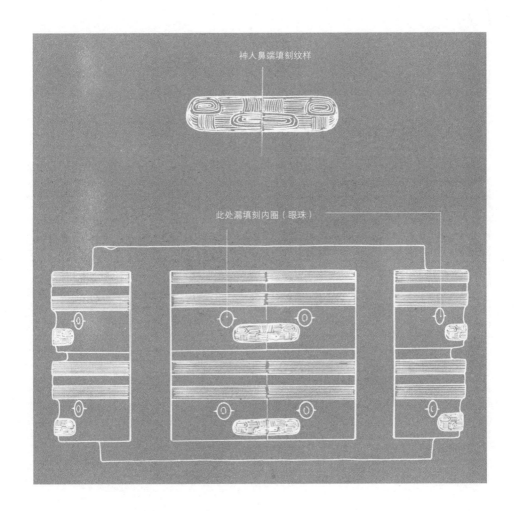

神人鼻端填刻纹样

此处漏填刻内圈（眼珠）

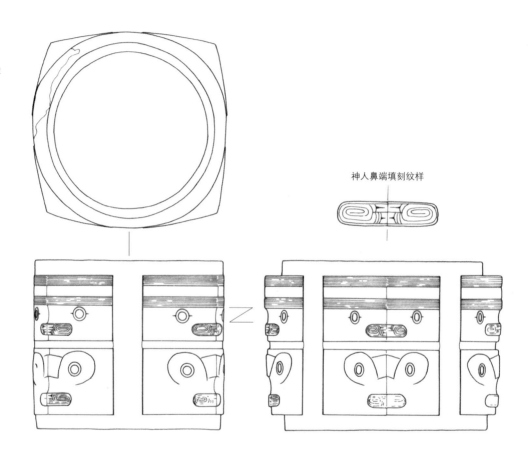

神人鼻端填刻纹样

0   1厘米

反山 M17：1 琮

两节，神人节面和神兽节面。高6.7厘米，孔径6.2厘米。

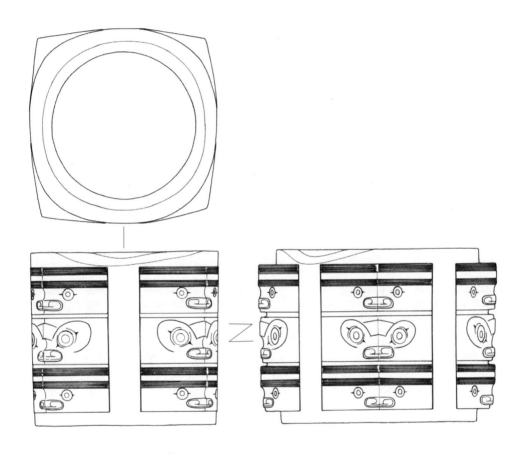

0   1厘米

反山 M17：2 琮

三节，分别为神人、神兽和神人节面。高6.9厘米，孔径5.9厘米。

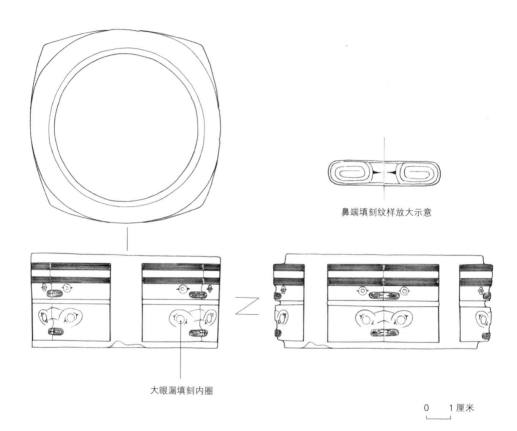

鼻端填刻纹样放大示意

大眼漏填刻内圈

0   1厘米

反山 M18：6 琮

　　两节，神人和神兽节面，唯神兽大眼未填刻内圈。高3.5~3.75厘米，孔径5.9厘米。

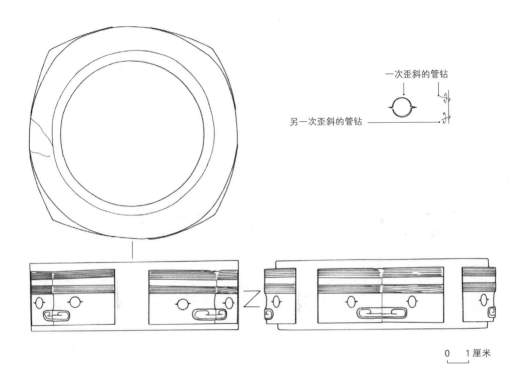

一次歪斜的管钻

另一次歪斜的管钻

0   1厘米

反山 M20：121 琮

　　一节，神人节面，神人单圈，管钻，两侧刻画小尖喙（眼角）。其中一个节面眼睛的管钻深度不一，圆圈也不能连贯重合，说明在管钻眼睛时，钻具有歪斜，而且还先后进行了两次。高3~3.1厘米，孔径6.4厘米。

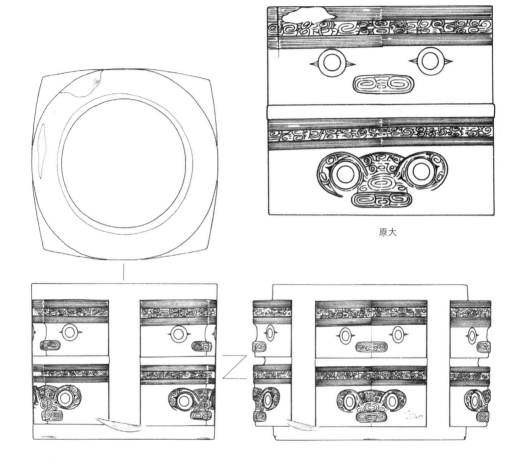

原大

0　　1厘米

反山 M20：122 琮

　　两节，神人和神兽节面上部均有两组弦纹。高6.8厘米，孔径5.65厘米。反山、瑶山出土玉器，除含铁量较多的玉璧，多数沁蚀呈黄白色、粉白色，唯此琮尚保留局部的透光青绿色，是良渚文化透闪石软玉的本色。

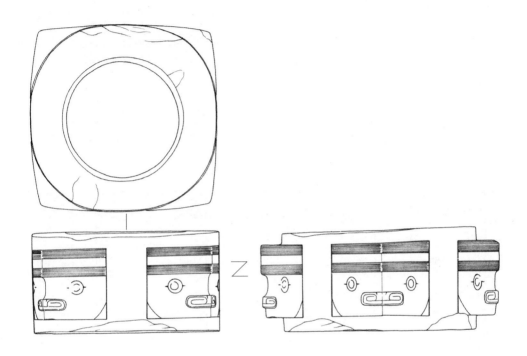

反山 M20：123 琮

　　一节，神人，刻画脸庞线，重圈眼管钻，外圈径0.75厘米，内圈径0.45厘米，从细部观察，管钻后再打磨。高5.2厘米，孔径5.75厘米。

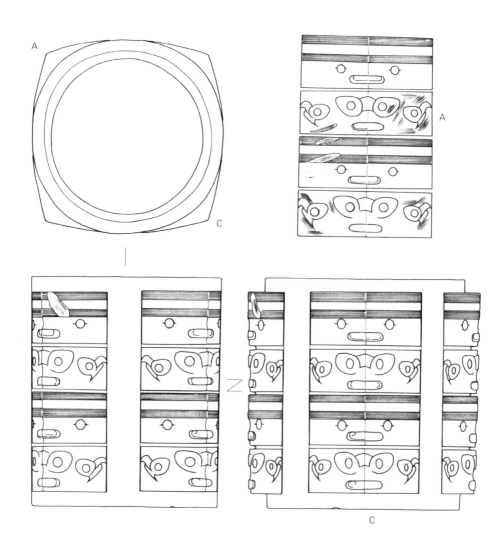

0   1厘米

反山 M20：124 琮

　　四节，神人和神兽节面交错，神兽节面两侧另雕琢神鸟，神人节面上部的弦纹每组线条六七条不等，与其他琮一样，节面两侧的弦纹不连贯。神人眼睛单圈，管钻。神兽眼睛、神鸟身体上的单圈，均管钻。管钻直径0.3~0.4厘米。高9.5厘米，孔径6.5厘米。

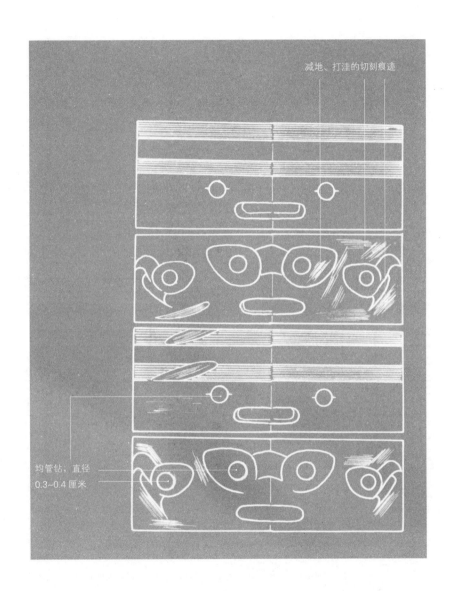

减地、打洼的切刻痕迹

均管钻：直径
0.3~0.4厘米

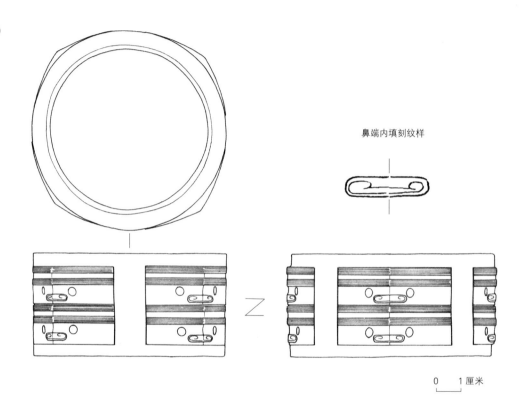

鼻端内填刻纹样

0　　1厘米

反山 M23：22 琮

　　两节，神人节面，管钻眼，直径0.3厘米，未刻画眼角。除一个节面鼻端内的填刻有横线连接螺旋之外，其余三节面均未有横线连接。高4厘米，孔径6.25厘米。

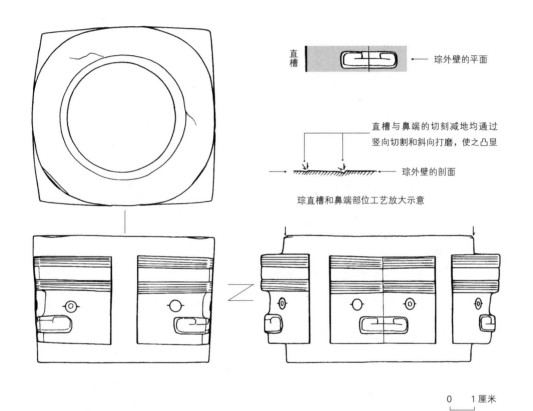

直槽 ← 琮外壁的平面

直槽与鼻端的切刻减地均通过
竖向切割和斜向打磨，使之凸显
← 琮外壁的剖面

琮直槽和鼻端部位工艺放大示意

0　1厘米

反山 M23：163 琮

　　射口部位局部尚留有片切割痕迹。一节，神人节面，重圈眼，外圈为管钻，直径约0.4厘米，内圈为刻画，多有眼角，仅有一面忘记刻画内圈眼线。高4.9厘米，孔径约4.25厘米。

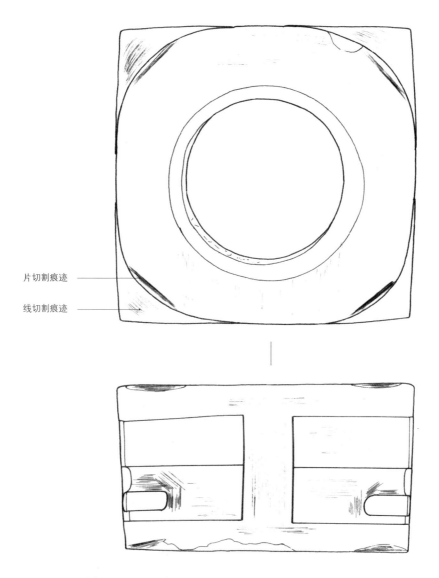

片切割痕迹

线切割痕迹

反山 M23：126 琮

　　一件未完成的作品，是琮制作成形步骤的难得标本。射口四角留有片切割痕迹，均与实际切割有一定的距离，除了切割成形的射口外，不排除所留痕迹也为打稿的切割线。

　　一节，神人节面，弦纹部位未刻画横线，鼻部仅以凸块表示，边缘留有明显的切刻减地痕迹。未钻眼睛。孔内壁保留有双面管钻台痕，且留有竖向的修磨痕迹。高4.4~4.5厘米，孔径4.3厘米。

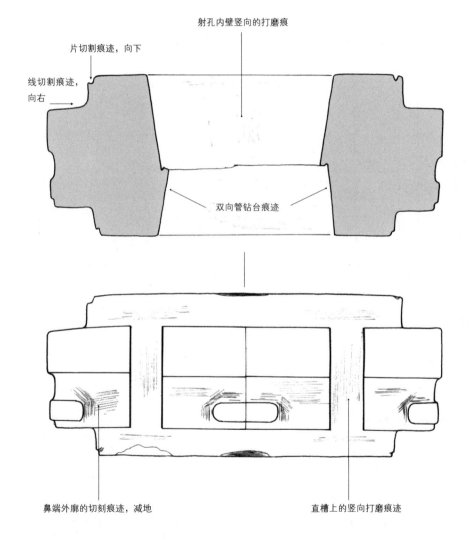

片切割痕迹，向下

线切割痕迹，
向右

射孔内壁竖向的打磨痕

双向管钻台痕迹

鼻端外廓的切刻痕迹，减地

直槽上的竖向打磨痕迹

琮：神权中的天地宇宙观

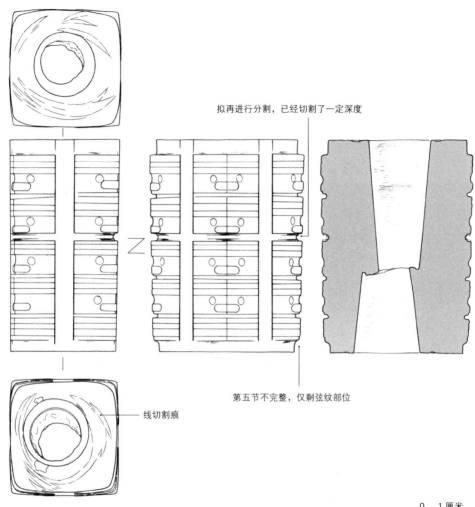

拟再进行分割，已经切割了一定深度

第五节不完整，仅剩弦纹部位

线切割痕

0   1厘米

反山 M21：4 琮

　　高柱体，俯视近弧角方形，但仍保持外壁的一定弧度。四节半，均为神人节面，第二、三节面之间的分节槽较宽深，推测原拟再次分割。

　　该琮是一件已经分割过的琮，上下射面均留有线切割痕，射孔内壁管钻错位严重，如果假定双向管钻的深度大体若一，那么未分割之前的琮有五节，高约14厘米。现高11.3厘米，孔外径3.4~3.6厘米，孔径约2厘米。

| 琮 | 小琮（琮式管）

其他的琮式玉器包括小琮（琮式管）、琮式锥形器（仅单件，成组的见前文"成组锥形器"）、琮式柱形器。

瑶山 M7：43 小琮

两节，为神人和神兽节面。高2.7厘米。

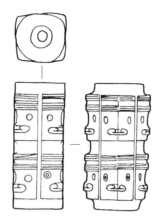

瑶山 M7：46 小琮

两节，神人节面。高3.3厘米。

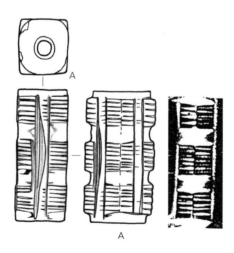

瑶山 M9：72 小琮

三节，仅以弦纹带表现。高3.55厘米。

瑶山 M7：54 小琮

两节，神人节面。高2.4厘米。

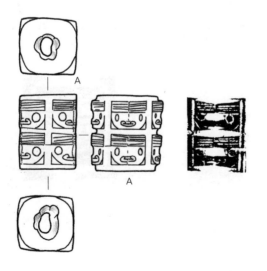

瑶山 M9：50

两节，神人节面。高2厘米。

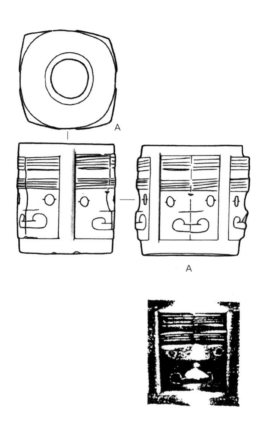

瑶山 M9：11 小琮

一节，神人节面。高3厘米。

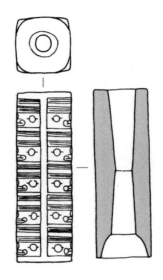

瑶山 M12–2825 小琮

　　五节，神人节面。下端孔内壁呈凹弧状斜面，原因不明，也可能原先套接在某载体上。高4.5厘米。

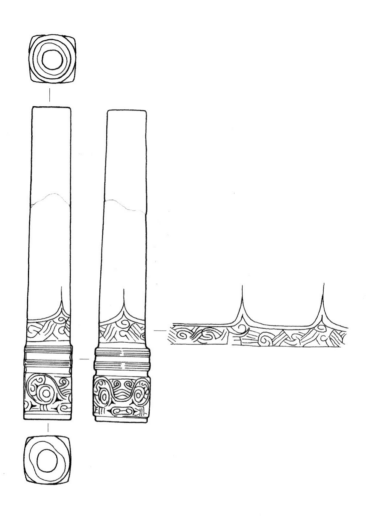

瑶山 M12-2808 琮式玉长管

底端为琮式，对角雕琢神兽，上部为两组弦纹带。上端为上小下大的圆柱形，刻画"介"字形冠帽的尖顶，并填刻螺旋线和小尖喙。应是镶插件。高8.23厘米。

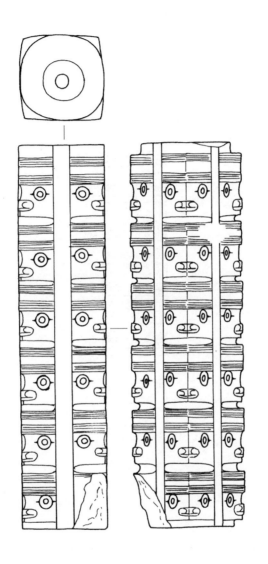

瑶山西墓 2846 琮式玉长管

六节，神人节面，也是反山、瑶山目前所见最高的多节小琮。高10.2厘米。

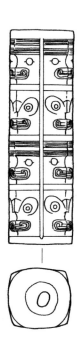

瑶山西墓 2847 小琮

四节，神人、神兽节面。高5.65厘米。

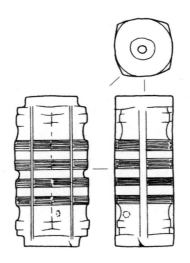

瑶山西墓 2848 小琮

两节，神人节面，但上下节图案相对，仅此一件，甚为特殊。高4.05厘米。

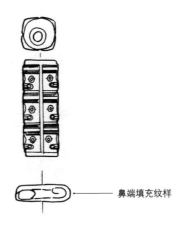

——鼻端填充纹样

反山 M14：80 小琮

三节，神人节面。高2.56厘米。

反山 M14：190 小琮

两节，神人节面，无直槽，眼睛共用。高2.06厘米。

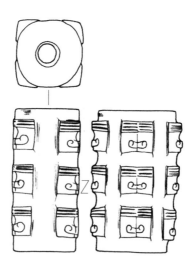

反山 M14：173 小琮

三节，神人节面，无眼睛。高3.85厘米。

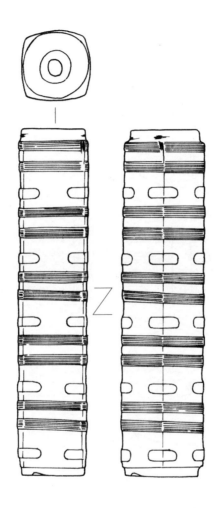

反山 M14：117 小琮

五节，神人节面，无直槽，也无眼睛。高9.25厘米。

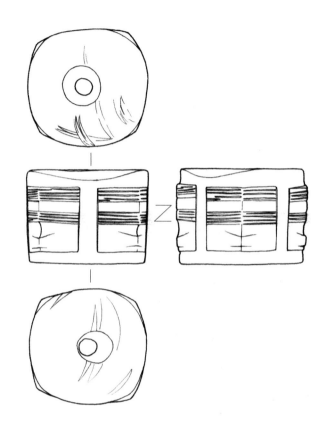

反山 M15：10 小琮

一节，神人节面。弦纹刻画得较粗，每组2~5条不等，呈断续的楔形，是为切刻所致。高2.45厘米。

直槽中部保持小琮外壁的弧凸面

切刻   切刻

直槽的制作

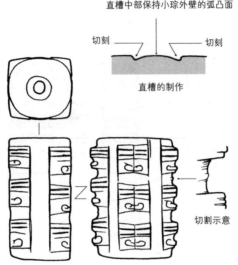

切割示意

反山 M17：15 小琮

三节，未雕琢眼睛。高3.2厘米。

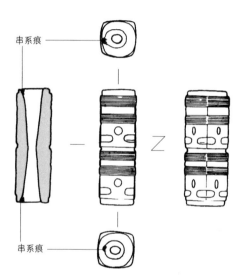

串系痕

串系痕

反山 M20：107 小琮

    两节，神人节面，未有直槽，眼睛共用。孔上下均有相同方向的凸出，内面且有竖向的摩擦痕，应是串系所致。高3.1厘米。

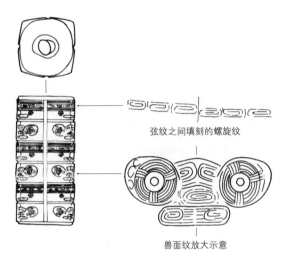

弦纹之间填刻的螺旋纹

兽面纹放大示意

反山 M20：87 小琮

　　六节，各为神人和神兽节面，弦纹之间及兽面纹内均填刻螺旋线，由于器形小，刻画略有凌乱。高3.47厘米。

直槽由两次片状工具切刻、打磨而成

直槽工艺放大示意

反山 M22：59 小琮

四节，神人节面，未雕琢眼睛。直槽为片状工具两次切刻、打磨而成，致使直槽中间呈尖状突起。高4.46厘米。

琮	### 琮式锥形器
	与成组锥形器不同的是，单件锥形器的下方往往有玉套管，可知单件锥形器的榫头原先应该镶插在有机质的杆体上，杆体的下端再套玉管。

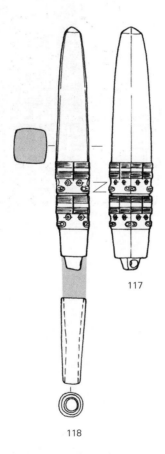

117

118

反山 M12：117、118 带套管的锥形器

　　锥形器下部雕琢两节神人图案，仅弦纹带分割，长6.44厘米。锥形器套管上端大、下端小，高2.25厘米，孔壁甚薄，小于0.1厘米。

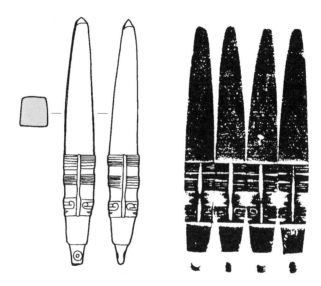

瑶山 M7：42 锥形器

下部雕琢一节神人图案，未有眼睛，竖向分割的直槽是最后切刻而成的。高
6.5厘米。

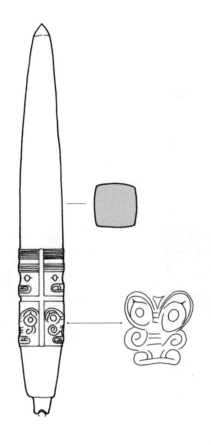

瑶山 M12-2818 锥形器

两节，神人和神兽节面。残高10.4厘米。

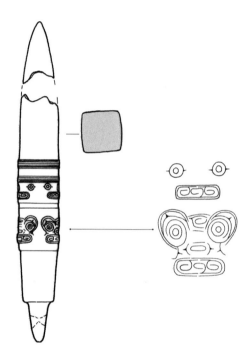

瑶山 M12-2820 锥形器

残，两节，神人和神兽节面，未有直槽分割。

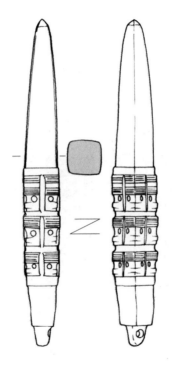

反山 M16：11 锥形器

三节，神人。高8.68厘米。

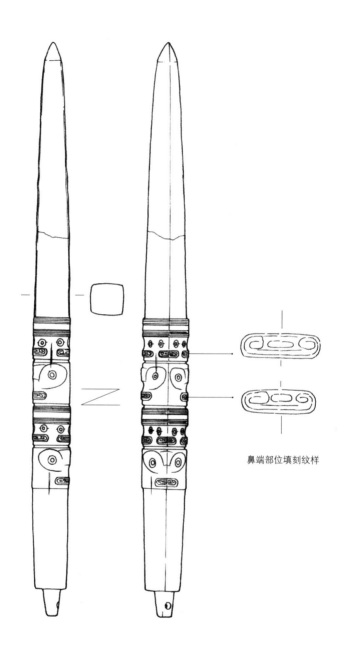

鼻端部位填刻纹样

反山 M20：67 锥形器

　　四节，为神人和神兽节面交错，均未有直槽分割，其中神人节面四角眼鼻完整，神兽则对角雕琢，且一、二和三、四节的神兽有意相错。高15.3厘米。

兽面纹放大示意

反山 M20：71 锥形器

四节，为神人和神兽节面交错，神人节面弦纹带有分割，眼睛共用，神兽对角雕琢，一、二节和三、四节的神兽有意相错。高13.87厘米。

琮 | 琮式柱形器

反山、瑶山发掘，将外形为圆柱体、中间有一贯通孔的玉件，称之为柱形器。三件一组的柱形器位于棺盖之上，是高等级墓葬葬具上的重要附件。单体柱形器、带盖柱形器的功能可能要复杂一些。琮式柱形器，在外壁雕琢有琮的结构和元素。

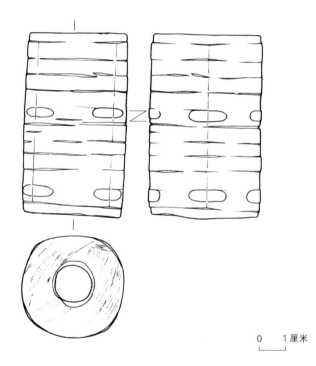

0   1厘米

反山 M20：1~3 成组柱形器

一组三件，原先等距离放置在棺盖上，均雕琢两节简约神人图案。其中 M20：1，仅弦纹带和鼻端，未直槽分割。高6.5~6.7厘米。

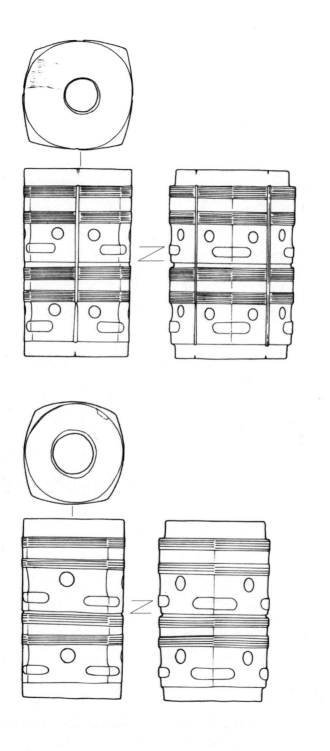

M20：2，雕琢完整，高6.8厘米。M20：3，未直槽分割，眼睛共用，高6.65厘米。

0　　1厘米

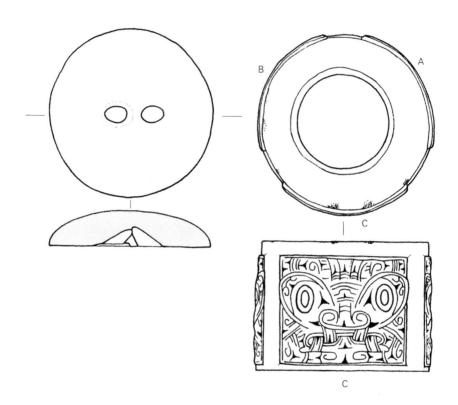

瑶山 M9：1、2 带盖柱形器

出土时位于葬具的一端，盖面朝下，推测用细线（因为隧孔细小，很可能是丝线）穿过盖的内面隧孔，再串柱形器贯通孔，作为葬具一端的系挂的附件。盖外径4.5厘米，厚1厘米。

柱体外壁雕琢三组长方形凸起的神兽图案，三组图案基本相同，但有微小差异，如A面右眼上部漏刻小尖喙，A面嘴部之下的刻纹与B、C面也有所不同。柱体高3.5厘米。

漏刻尖喙

A

B

C

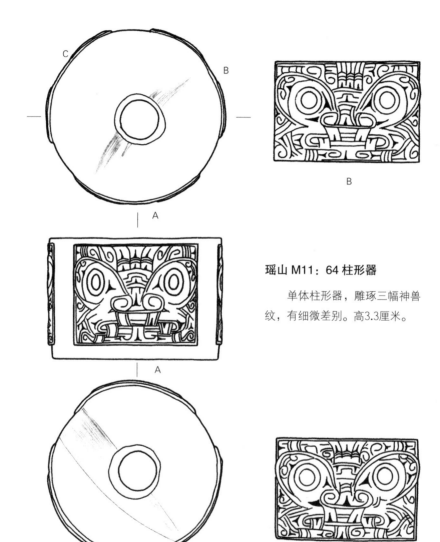

瑶山 M11：64 柱形器

单体柱形器，雕琢三幅神兽纹，有细微差别。高3.3厘米。

反山 M12：87 柱形器

　　两端切割有射口，下射面略小，中部有一对钻细圆孔。外壁雕琢竖向四列、横向三层共十二幅神像，均以减地浅浮雕和阴刻细线相结合方式雕琢而成。分为神人兽面像和神兽像两种，上下左右均错落布列，互为间隔，错落旋转。

　　高10.5厘米，上射径4.02~4.08厘米，下射径3.07~4.02厘米，射高1.5厘米。该柱形器也有被研究者称之为圆琮的一种。

M12 出土玉柱形器（M12：87）纹饰细部

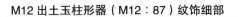

M12出土玉柱形器（M12：87）纹饰细部

M12 出土玉柱形器（M12：87）纹饰细部

璧

太阳和太阳的光芒

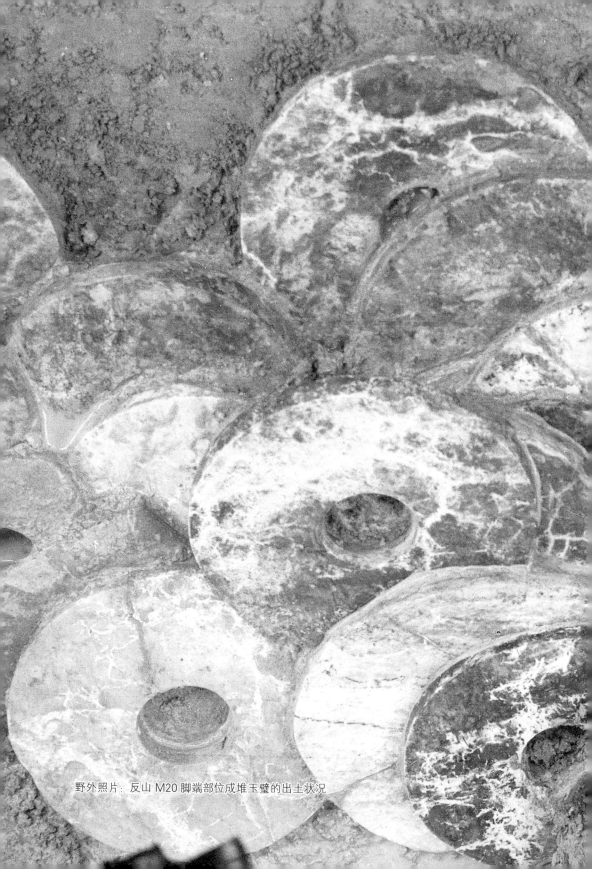

野外照片：反山 M20 脚端部位成堆玉璧的出土状况

璧环类玉器出现较早，早于良渚文化的红山文化、凌家滩文化中就开始出现，尤其是凌家滩文化的璧环，有通过线切割形成的双重璧环、锯齿状璧环等多种形式，寓意着对于太阳的崇拜和天地的观察。只是那个阶段的璧环体形都较小，与前文所述的"圆牌"形制非常接近。

璧

璧

良渚文化璧开始完全定型，以反山最为精美的M20：186璧为例，璧的宽度（所谓"肉"）和璧的穿孔（所谓"好"）之比为3.6：1，成为良渚文化璧的黄金比例。良渚文化高等级墓葬中，品质较好、后期打磨比较精细的璧，出土的位置往往在墓主的上身部位，而那些制作稍粗糙的璧，往往呈堆叠状位于脚端部位，一些考古学家推测璧在这里可能是"财富"的象征。反山M23出土54件璧，是迄今为止出土璧数量最多的良渚墓葬。

璧：太阳和太阳的光芒

0　1厘米

反山 M20：186 良渚文化标准玉璧

整器极为规整匀称，抛光精美。表面尚可观察到擦磨痕迹。双向管钻孔，孔内壁打磨甚为精细。直径18厘米，最厚1.2厘米，边缘厚0.8厘米，钻孔外径5厘米，内径4.9厘米。

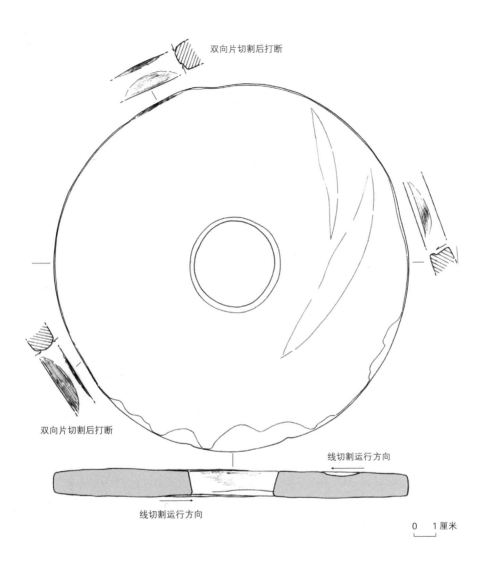

双向片切割后打断

双向片切割后打断

线切割运行方向

线切割运行方向

0　　1厘米

反山 M20：169 璧

　　良渚璧的制作，先是利用线切割技术剖成坯件，如果制成后打磨不精，往往璧面上会留下月牙形的凹弧痕，就是线切割的残留。成坯后根据打样的圆形线，利用双向片切割技术分段切割截断，再修磨边缘，成为圆。钻孔均为双向管钻，钻取时也有钻具不正歪斜的，也有一面钻进深度过大的。此璧边缘尚留下多处切割痕。外径16.1~16.3厘米，孔内径3.6~3.7厘米。

权杖

王权神授

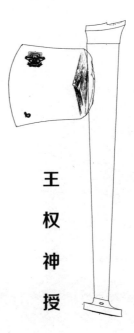

野外照片：瑶山 M7 玉钺出土局部

起源于斧钺的玉钺，是墓主人权力和地位的象征。豪华型玉钺包括玉钺本体、玉钺的冠饰（瑁）、玉钺的端饰（镦）以及嵌玉髹漆的柄（柲），仅出土于高等级的少数墓葬中。玉钺瑁形制独特，犹如纵向对折的冠状器，神像化的玉钺杖成为王权的标志。反山王陵最高等级 M12 中出土的玉钺，两面雕琢神像和神鸟，彰显了王权神授的观念。M12 还出土了仅存冠饰和端饰的豪华玉组件，结合后来上海青浦福泉山吴家场墓地象牙权杖的出土，得知当时确实还有更为豪华的权杖。

豪华权杖

玉钺杖

玉钺杖

　　反山发掘首次在野外复原完整的玉钺杖组合。甲骨文和金文中，钺是"王"字的本形，因此，钺被认为是军权的象征，在中国古代历史上长时间作为王权的代表。

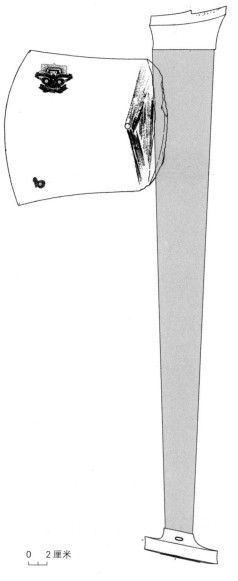

反山 M12：100 玉钺杖

　　包括玉钺本体、瑁、镦，以及仅存5颗小玉粒的已朽烂的柲。

0　2厘米

复原示意图

权杖：王权神授

　　钺本体整器呈"风"字形，钻孔上方保留粗糙面，钻孔部位可见为了增加捆系时的摩擦系数而进行的刻画痕迹，钺的刃角上各雕刻神像和神鸟，两面对称。神像大小约3.3厘米×4.3厘米。钺通长17.9厘米。

钺本体神像

钺本体神鸟

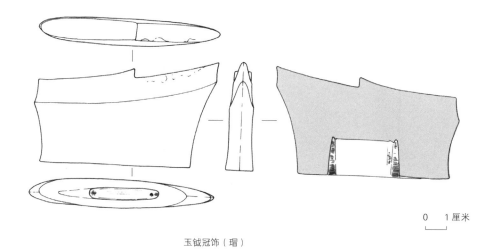

0   1厘米

玉钺冠饰（瑁）

瑁，前端高3.6厘米，后端高4.7厘米，最宽8.4厘米。

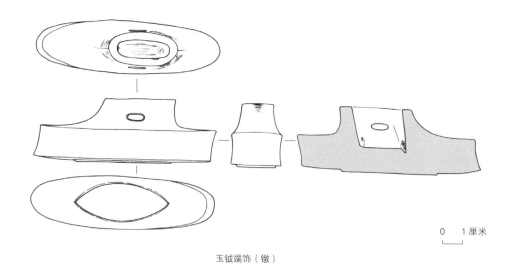

0   1厘米

玉钺端饰（镦）

镦，卯眼仍可见纵向排列的实心钻痕（俗称"掏膛"），通高2.8厘米。

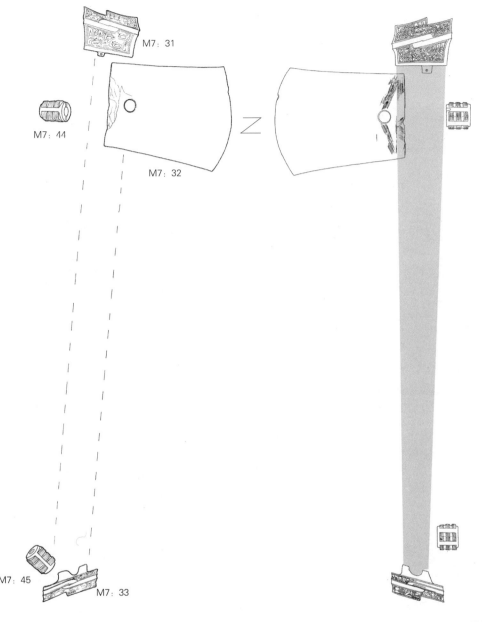

M7：31

M7：44

M7：32

M7：45

M7：33

0   4 厘米

瑶山 M7 玉钺杖

出土时基本保持原貌。柄朽烂，长约80厘米。玉钺长16.3厘米。钺杖顶端外侧有一小玉琮（M7：44），小玉琮一端有凹槽，应是玉钺装柄后缚系的附件。钺杖底端外侧也有一小玉琮（M7：45），是钺杖镦的附件。

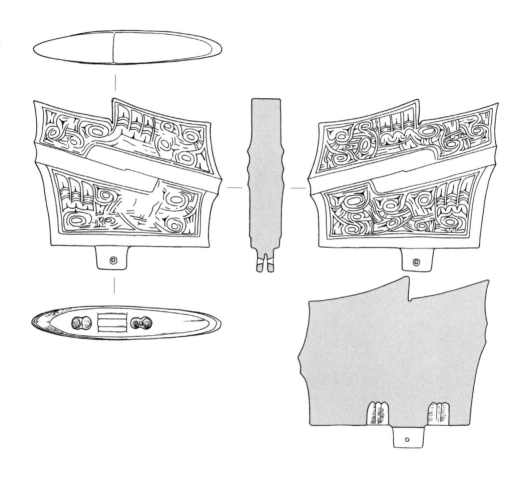

0　　1厘米

瑶山 M7：31 钺瑁

　　两面雕琢纹样，各以交互螺旋带分为上下两部分，分别雕琢羽线和螺旋线、小尖喙组合纹样，就是神像冠帽刻纹的变体。钺瑁的整体，犹如纵向对折的冠状器，或冠的侧视。高6.7厘米。

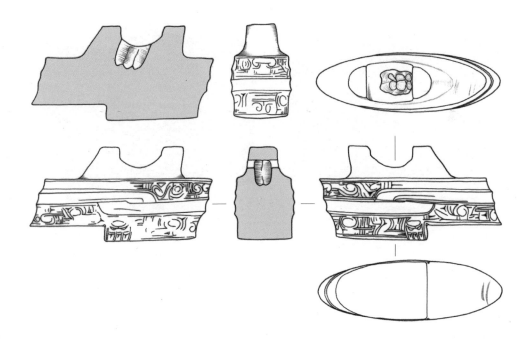

瑶山 M7：33 钺镦

    周身雕琢纹样，也各以交互螺旋带分为上下两部分，分别以侧面为中心展开，雕琢羽线和鼻端纹样，但视角为镦面朝上。高3.5厘米。

羽线　　　　　　　　　　　　羽线

羽线　　　　　　　　　　　　　　　羽线

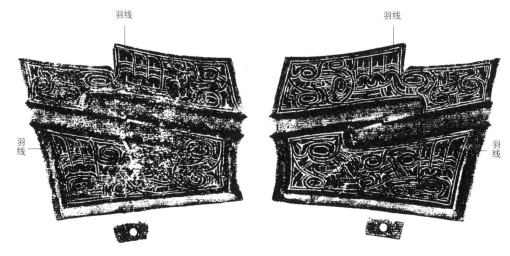

羽线　　　　　　　　　　羽线

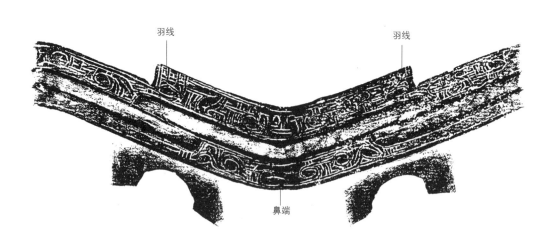

鼻端

瑶山 M7：31 钺瑁、M7：33 镦拓本

瑶山 M7：44 小琮

高2.65厘米。

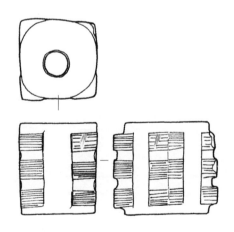

瑶山 M7：45 小琮

高2.4厘米。

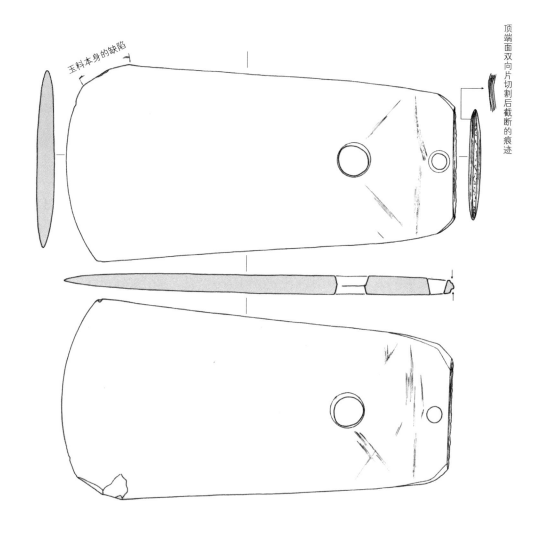

玉料本身的缺陷

顶端面双向片切割后截断的痕迹

0　1厘米

反山 M20：144-1 玉钺

大小双孔，孔周部位有为了增加捆绑时的摩擦系数而进行的三角形刻画痕迹，玉钺安柄后大孔出露在外。长16.6厘米。

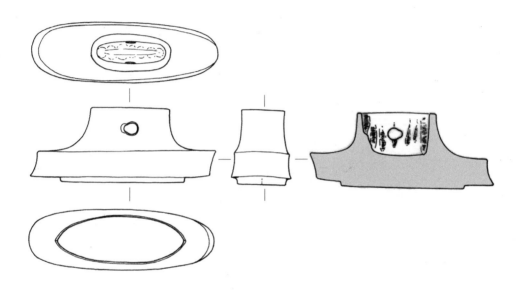

0   1厘米

反山 M20：144-2 镦

  上端制成榫头状，内再掏膛成卯孔，底部端面雕琢橄榄形凸块。卯孔为7个成一排的实心钻掏膛而成，卯孔两侧还有对钻孔，安装柄后可以卯销固定。高3.12厘米，宽7.8厘米。

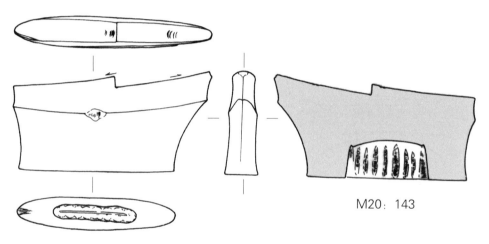

M20：143

0 　 1厘米

反山 M20：143 瑁

　　无纹，卵孔以9个实心钻一排掏膛而成，前端高3厘米，后端高3.65厘米，最厚1.2厘米。

豪华权杖

　　上海青浦吴家场良渚文化墓地M207出土象牙权杖两套，权杖主体为象牙剖制而成，以转折线为中心雕琢十幅神人兽面像，权杖下端插入镦部，端部雕琢神兽和神鸟。通长90.5厘米。吴家场良渚文化豪华象牙权杖的出土，印证了反山王陵M12豪华玉镦权杖的真容。

吴家场 M207：61 象牙权杖

（采自《考古》2015 年第 10 期）

权杖：王权神授

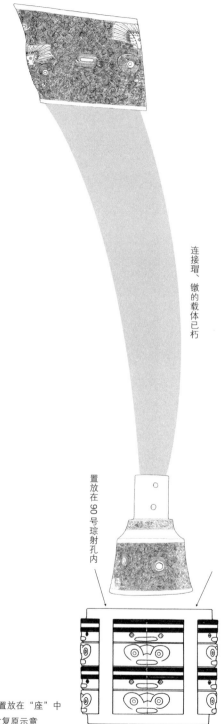

连接瑁、镦的载体已朽

置放在90号琮射孔内

反山 M12 置放在"座"中
的豪华权杖复原示意

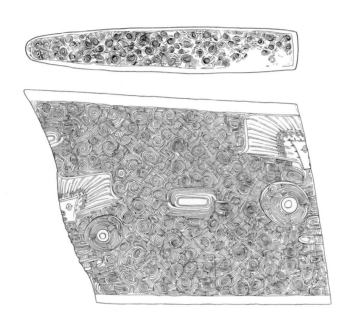

反山 M12：103 豪华权杖（瑁）

　　端面以及瑁体周均刻画纹饰。端面为螺旋线和小尖喙的组合纹饰。瑁体以两侧面为中心展开雕琢神人兽面像，两面正中另雕琢围绕椭圆形的螺旋纹，与螺旋线和小尖喙组合的地纹浑然一体。通高5.72厘米。

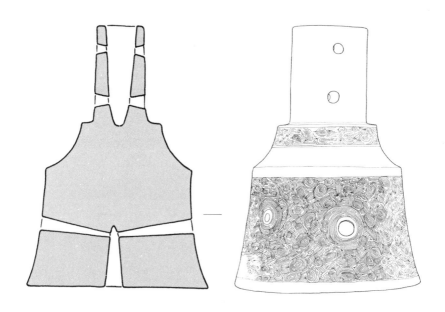

反山 M12：91 豪华权杖（镦）

整器高7.1厘米。上部为横截面呈椭圆形的突榫，榫长2.65厘米，突榫内掏膛成卵孔，突榫扁圆的两侧各相对对称钻有卯销孔。突榫下周缘刻画一周四组的变体鸟纹，以小尖喙和椭圆形螺旋线表示。其下雕琢两组神兽像，以螺旋线围绕的钻孔为间隔，两个钻孔与底面钻孔相接。整器横截面略呈椭圆形，镦底部外径为5厘米×5.3厘米。

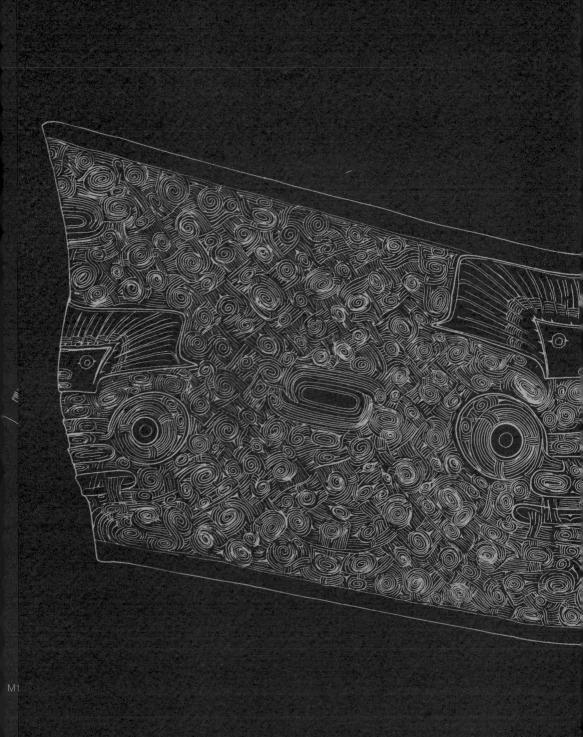

M1

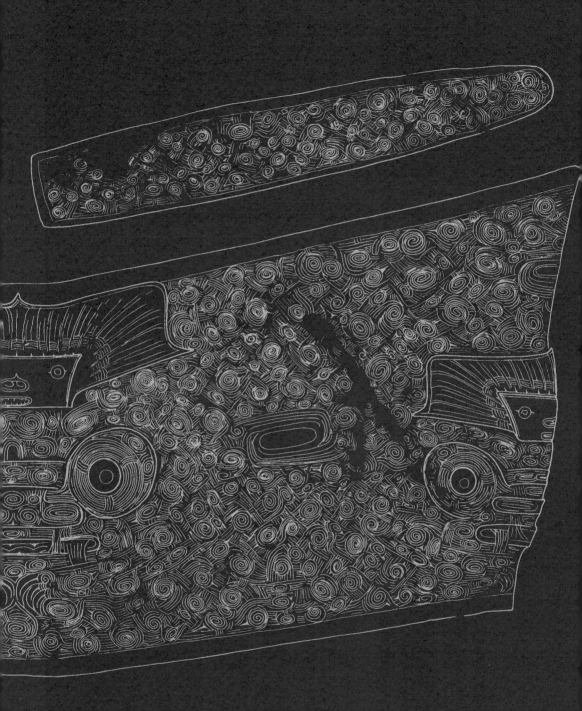

M12：103 瑁体神人兽面像

玉器具

玉礼化的生活用具

插图：瑶山 M11 玉带杆纺轮、玉刀柄等出土状况

反山、瑶山出土玉器中，除了葬具的附件、标志墓主身份地位的装饰件，以及最彰显权力的琮、钺、璧之外，还有一些是作为工具和日常用品的玉器具，如纺轮、织机、刀柄、把手，以及嵌玉器具、匕匙食具等。一些器具上还雕琢神像，这证明实用器具的玉礼化，也是良渚用玉制度的重要内容。

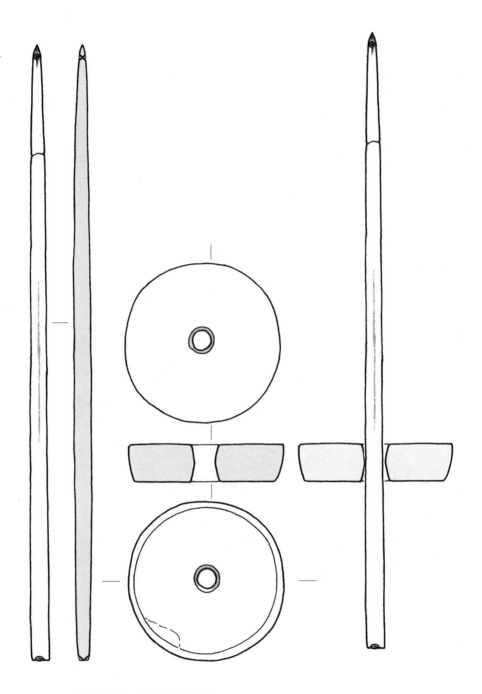

瑶山 M11：16 玉带杆纺轮

　　纺轮，圆饼状，横截面呈梯形，外径4.3厘米。纺轮杆，头端尖锥，钻有小孔，杆长16.4厘米。出土时杆位于纺轮孔内。

反山 M23：151~156 玉织机

　　玉织机一套3组6件，出土时基本保存了原来的面貌，两两成组相对，间距约27厘米。这是一套两端镶有玉质部件的卷布轴、开口刀和经轴组成的踞织机具，大致与河姆渡遗址发现的木质踞织机部件的长度相近，而且卷布轴由两片错缝夹片组成。轻巧的织机表明织物的经、纬相当细，可能与纤维较粗的麻葛类织机有别，是丝织专用的织机。

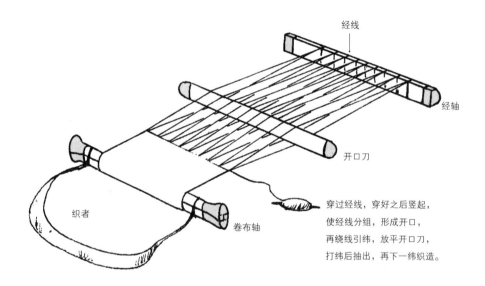

经线

经轴

开口刀

织者

卷布轴

穿过经线，穿好之后竖起，
使经线分组，形成开口，
再绕线引纬，放平开口刀，
打纬后抽出，再下一纬织造。

（织机复原图采自赵丰《良渚织机的复原》，《东南文化》1992 年第 2 期）

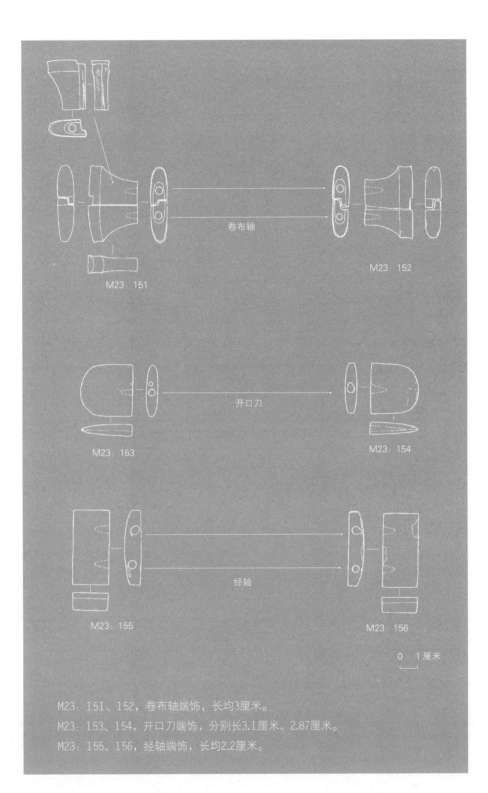

卷布轴

M23：151

M23：152

开口刀

M23：153

M23：154

经轴

M23：155

M23：156

0　1厘米

M23：151、152，卷布轴端饰，长均3厘米。

M23：153、154，开口刀端饰，分别长3.1厘米、2.87厘米。

M23：155、156，经轴端饰，长均2.2厘米。

玉器具：玉礼化的生活用具

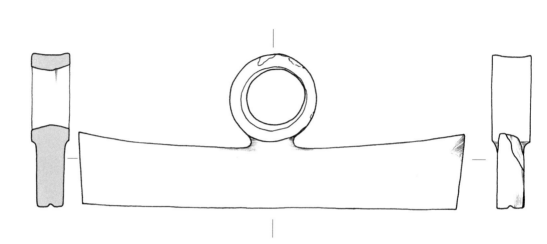

0   1厘米

瑶山 M11：15 玉刀把手

　　圆环状把手，两端上翘，底端面有凹槽，原先插嵌朽烂的骨牙质刀。2001年浙江桐乡新地里良渚文化M137，玉刀把手凹槽下的插嵌物尚清晰可辨。高4.5厘米。

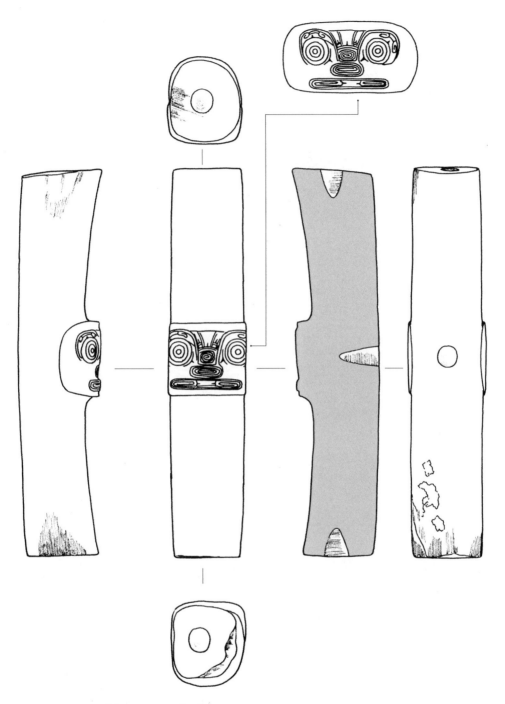

瑶山 M2：55 玉把手

中间凹弧，正面凸起，雕琢神兽纹，两端上翘，端面及背面有卯孔，推测可能为杯类器具的把手。长10.4厘米。

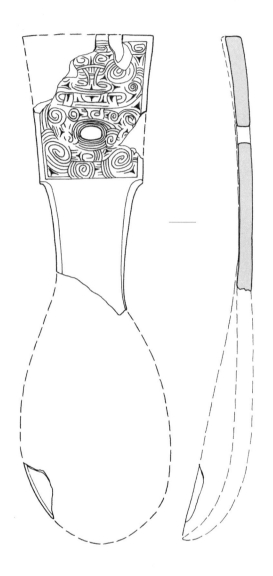

M12-2836 玉匙

仅存柄部和勺部边缘，侧视微凹弧，柄部雕琢神兽像，下方为椭圆形镂孔并结合螺旋线和小尖喙组合纹样。复原长13.5厘米，宽1.84~3.52厘米。

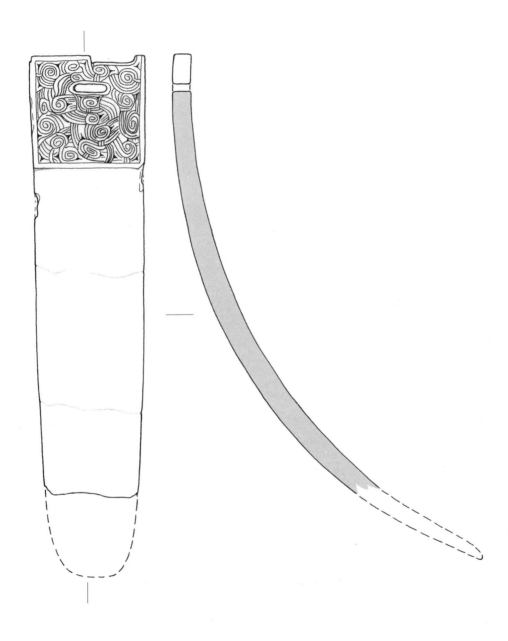

M12-2837 玉匕

　　整体呈扁宽条形，侧视弯弧，柄端正面雕琢螺旋线和小尖喙组合纹样，并有长方形镂孔，顶端外廓为神人"介"字形冠帽的一半。复原长15.5厘米，器宽2.55~3.15厘米。

附 录

考古手工测绘的学与用

杭　侃（北京大学考古文博学院）

　　今年 8 月，我在微信朋友圈里转发了一条题为"考古专家笔下美到爆的手绘老物件"的微信，微信中讲述了浙江省考古研究所方向明先生手绘考古线图的故事。这条微信引来了朋友们的热议，争论主要集中在现代科技日新月异，数码技术越来越多地运用到考古领域的情况下，考古线图是否还有必要？手工测绘是否还有必要？学生培养过程当中绘图课是否还需要必修？有些观点截然相反。朋友们的争论也促进了我的思考。现以本人比较熟知的石窟寺考古中的手工测绘为例，谈谈对这些方面的看法。

　　日本学者在其大型调查报告《云冈石窟》中记录信息的手段有文字、照片、拓片和线图四种，四者之间相互配合。文字可以记述洞窟内容，但不直观；照片可以反映出所摄对象的形态，但无法反映洞窟的整体布局和造像之间的组合关系；拓片用于表现石刻文字与造像细节。对于一般的研究者，目前仍然需要通过线图来了解洞窟形制、造像组合、壁画与造像等具体内容。

　　云冈石窟 13 窟附近有一个未完成的洞窟，窟中五尊像的开凿进度不一样，其中右壁里面一尊菩萨像仅凿出了粗坯，在菩萨像的雕凿痕迹中，保留了工

云冈石窟未完成菩萨面部辅助线

匠用于控制比例的关键点，在菩萨的脸部，尚残存竖向的中轴线以及与之垂直的横线，菩萨冠部、脸部的几道横线分别控制发髻、眼、鼻尖的位置。由于未完成，过去对这个洞窟关注不够，雕凿的痕迹也容易被研究者忽略，其实凿痕的间隔、深浅、走向对于我们研究开凿过程都是有意义的。此前调查的学生几次上脚手架记录这个洞窟，都没有注意到这条中轴线，这条中轴线与我们手工测绘时布置的测量基准线是相同的，古代工匠用来控制造像比例的关键点，也是我们手工测绘的关键点。所以，绘图的过程是我们观察对象的过程，也是我们研究对象的过程。

究竟是否需要在石窟寺考古工作中保留手工测绘，我想分为教学与科研两个方面来说说自己的看法。

近两年我利用暑假带领一些学生在山西云冈石窟、河南巩县石窟进行调查，其中一项内容是练习手工测绘。这样做的起因之一，是有位同学做石窟寺调查的时候画了很多线图，毕业论文答辩时，一位答辩委员说这位同学虽然很勤奋，但是严格说很多图都不能用。主要问题是这位同学画的图，只是有些形似而已，没有把造像的特征表现出来。类型学是考古研究的基本方法，类型学排比的结果现在还需要线图来反映，如果测绘中造像的特征没有表现出来，对造像的排比就无法取得令人满意的结果。

参加实习的同学中有的能够比较熟练地使用全站仪等设备进行测绘，对比经过手工测绘训练前后的测图，同学们提高了自己观察对象的能力。手工测绘不可能测很多的点，所要测的点都是经过观察之后认为是关键的点，而现代测绘技术可以有很多的测绘点，但是这些点是机器完成的，不是自己观察的结果。

因此，我主张在教学中保留手工测绘的教学内容，教给同学基础的观察与测绘方法。一位朋友在微信中说："电脑技术致于用，重在获取数据、图像结果；手测手绘致于学，重在理解体悟过程。就像看一幅画，拍一幅画，扫一幅画，永远没有临一幅画更加接近作者，创作的心情、笔墨的用法、整体的布局，没有实实在在临过，光看光想是全然不同的。"

我们在现场比对了以前发表的巩县石窟寺的实测图，发现有一些清晰的纹饰画得模棱两可，有一些还有明显的错误，这些不足是因为部分图纸是对着照片后补的。照片代替不了现场的细致观察，现场观察不到的迹象，也不可能对着照片画出来。

那么，在科研上呢？

这个问题之所以还需要问，是因为现在三维激光扫描之后需要出线图，许多科研院所、测绘公司都在做这方面的实践，也开过一些评审会，但是，

附录

总的来说成图的效果还不理想。我曾经到一家测绘公司交流，公司里负责技术的高管对他们的设备和技术非常自信，他们刚做了一处摩崖造像群的实测和成图工作，我看了图纸之后指出一些存在的问题，他们承认我指出的问题，但是来不及修改，因为委托单位已经把相关稿件交给出版社付印了。这样的情况不是孤例，这样的报告和我们的研究需要还有不小的距离。

但是，石窟寺考古工作中运用现代测绘技术是一个必然的发展方向。我在实习过程当中观察同学们的绘图，大多数同学都处于练习阶段，有的同学连续参加了两年的实习，绘图能力有所提高，观察对象的能力有所加强，不过所绘的线图距离发表的水平还有差距。人工测绘需要投入大量的人力、物力和财力，新中国成立以来我们一直强调石窟寺考古报告的重要性，真正出版的报告却寥寥无几。这种状况难以满足对数量庞大的石窟寺考古遗存记录的需要，也难以应对目前由于自然风化、环境污染、人为破坏等因素对佛教遗存所造成的破坏。

同时，过去的记录手段无法达到复原洞窟的需要，而现代测绘技术提供了这种可能。现代测绘技术还具有人工测绘无法相比的优势。比如造像的高度、宽度等一些基础数据，如果是手工测量，尤其是在绘制复杂洞窟的立面、剖面时，不同的测量者免不了有一定的误差，而现代测绘技术可以很好地解决类似的问题。现代测绘技术可以逐步取代"测"的部分，而"绘"的部分有观测者的认识及其表达。所谓现代测绘技术在某种程度上类似于扫描仪的工作——它可以客观地记录书中的内容，却无法告诉我们书的主旨，对于书的理解还是需要由人来完成。要实现有效的观察和信息提取，还需要手工测绘的基本训练。

现代测绘技术在当前的石窟寺考古工作中还有不足之处，但不能因为这种不足而弃之不用，而是应该针对问题想办法加以改进，使之能够满足石窟寺考古记录的要求。现在存在的有些问题是因为"两张皮"造成的，研究者不懂得现代测绘技术，总觉得技术人员所做的图不能准确地体现观察的信息，技术人员又不懂得石窟寺考古的专业知识和要求，画出来的图难免走样。如果研究者有手工测绘的基础，又懂得现代的测绘技术，参与或者指导成图的过程，这个问题应该能够得到比较好的解决。

（原载《中国文物报》2014 年 10 月 24 日）

附
录

国外考古绘图教什么

秦　岭（北京大学考古文博学院）

最近关于考古绘图的网上讨论颇为热闹，精美的线图也成为考古学生们相继转发的热帖。在此凑个热闹，粗略介绍国外考古绘图训练的一些状况，主要是想谈谈本人对考古绘图的认识。

什么是考古绘图，这个问题恐怕是没有统一答案的。从绘图对象分，有不同材质的各种文物，有不同时代的各类遗迹，还有学生看都未必能看明白了的地层剖面。从绘图尺度上说，大到古代建筑石窟寺，小到需要放大绘制的玉器纹饰，甚至得算上植物种子、地层微结构。从绘图手段讲，三角板、铅笔、米格纸的传统方法仍在沿用；各种计算机成图软件和三维扫描技术也层出不穷；碰上圈内有名的"老法师"，真弧、转印纸、CAD……每个人都有自己的独门"兵器"。真要把这些内容都放到一门课上讲，不说学生的接受能力如何，恐怕也没有老师敢说自己教得了。

那么国外是如何教学生"考古绘图"的呢。笔者有在日本、英国参与教学实践的经历，也为此认真采访了美国、波兰等地同行。有趣的事实是，"如何教"这件事并不存在国家地区间的差异，更多是每个院校不同的选择。有专门开设考古绘图课的；也有把这个教学内容放到不同课程里面的；甚至有完全不教，任凭学生在实习中各自修行的例子。究其原因，恐怕跟不同的培养目标有关系。想培养通才全才的地方，考古绘图就是一门必修课。认为本科教育只是基础兴趣的培养，专门技能需在进一步深造中习得，有这样的理念就会把相关训练拆分到各自的研究课程里面，比如选个罗马考古就包括学画罗马陶罐子。更多的情况是折中的，通常在田野考古学或者博物馆实习课中安排三到四课时的绘图内容，要求不过是画一两件文物有个感性认识，甚至在日本很多高校，会去百元店买些成本不高的小盘子来练练手。也有一种折中方法，是把所有的记录手段放在一门课里，教一些器物绘图，一些遗迹测绘，一些航片识读，甚至一些摄影和拓片。无论何种课程设计，残酷的事实是，没有任何国家的学生真的能通过课堂教学来掌握"考古绘图"这项专业技能——这恐怕是各国教授的一致结论。进一步的共识，就是要在实践中学习。

　　然而说到实践，国外跟我们的情况就差别挺大。全世界大概只有中国会占用本科阶段整整一个学期的时间来统一进行田野训练和室内整理（陶器），因此我们也是在检验所有本科学考古的孩子"考古绘图"的基本技能。全世界也只有中国有如此高比例的技工参与具体的田野记录和器物绘图工作，因此学生毕业工作后更没有练手的机会，常常被批评还不如技工画得好。国外

附录

大多数情况则是，愿意将来去考古公司工作的，会跑不同的发掘项目，在田野中习得更多绘图的规则和技巧；愿意去博物馆的，则申请去做藏品实习生，跟志愿者一起进行器物绘图的训练；而其他各类所谓"考古学科学"的研究者，则开始进入实验室，参与导师的科研项目，从此与"考古绘图"无关。也因此，当我跟国外学者提出"考古绘图"训练匮乏的问题时，很多人并没有国内同行这么多的感慨。放在考古学科发展的前景下看，"考古绘图"变得不那么基础和重要了吗？不能否认的事实是：一、随着考古学科内部的专业化，已经不是所有的考古专业都会涉及"考古绘图"；二、随着从业人员的增长和内部分工，大多数研究者不再需要自己进行考古绘图；三、随着公众考古和数字化的发展，考古绘图不再是唯一的或者最主要的成果发布形式。既然如此，在学校我们应该教什么才不算白教呢？我建议，不妨先把考古绘图分个不同层次再接着说。

第一层次，考古绘图是一种语言。语言最基本的作用是信息的表达和交流，考古绘图就是考古学者用来记录和表达特定对象的语言。同时，它又不是唯一的语言，准确的运用拓片、照片往往可以让"一切尽在不言中"。从这个层次上认识，在本科阶段，需要教的首先是如何读懂这种语言，其次是掌握这种语言的基础和标准，而不是奢求人人写出一篇美文。能画出一模一样漂亮的罐子，不再是考古绘图基础教学的目标；理解考古绘图作为记录手段的作用，能评判图画的对不对，这会是本科教学的基本内容。

第二层次，考古绘图就是考古学研究。语言不仅有交流的功能，也是人类思维的工具，考古绘图就是考古学者研究过程中的有效工具。这即是我们常说的"看见什么画什么"。从这个层次讲，又没有统一的考古绘图标准了，对研究对象的认识深度和角度反映在研究者的绘图中。因此，在研究生阶段，建议根据不同的研究专业加强相关的绘图训练，这不仅仅指让研究玉器铜器的画画器物纹饰，包括做文物保护的画画保存状况，做古代工艺的画画垫片范缝，做田野调查的画画古地貌复原。当研究生们都能掌握好考古绘图这种工具，将之视为研究过程的利器，我们就不会抱怨带学生出去参观时拿出纸笔的少，拿出相机刷刷就过的现象了。

第三层次，考古绘图是一种艺术。正如人类可以用语言描绘音乐一样，考古学家可以用绘图来表现文物建筑之美，有些美往往是实物上看不清楚，照片上不够明显，遗址上不能直接看到的。文化遗产的公众属性给了当代考古学家发挥的余地，考古绘图在科学和艺术的结合点上还有着相当大的发展空间。现在很多学生看到漂亮的线图，惊叹之余或要求开素描课、或要求拜师学艺，殊不知这门艺术是建立在特殊的语言和研究基础上，哪是练练素描就画的出来的。到这个层次，已无教学可言，均看个人修为。

　　总之，如果能在教学中拉开上述考古绘图的层次性，拆分不同学习阶段对考古绘图的认知和掌握程度，或许能更好地解决要不要开绘图课，以及绘图课应该教什么的问题。从私心上，只有开拓和鼓励考古绘图的层次性，才不至于在学科发展的前景中，使它失去最基本的位置。

　　　　　　　　　　　　　　（原载《中国文物报》2014 年 10 月 24 日）

考古绘图的艺术性

方向明　贾昌明（中国文物报社）

严文明先生说过，考古绘图要做到"科学性与艺术性的统一"。科学性，是指通过绘图的方式将信息准确、有序和尽量完整地提供给读者，本质是一种信息提取的科学性。而艺术性，并不是画家的那种抽象的艺术发挥，而是指善于运用各种绘画的方式，准确和直观地体现特征，并给人以美的享受。

说到艺术性，先提一下直观性。如果考古绘图，主要是器物图，能够在读者心中形成一个准确直观的形象，那么绘图的直观性无疑是非常强的，直观性也就是绘图"像不像"实物的问题。对于无法到现场观摩，而主要凭借考古报告来获取信息的读者，他们越感到绘图直观和逼真，现象在他们心中的印象就越深刻，读者作为人的主观感受的需求就越能得到满足。设想一件器物的绘图，体量虽然准确，标注了各种痕迹，但如果绘图过于符号化，表现过于简略，也难以引起读者心中的共鸣。

然而，"画得像"并不是一件容易的事情，需要绘者熟练掌握各种绘图技法，准确表现外形和明暗，这就需要绘画艺术的功力，也是艺术性得以体现的途径。即便是在西方绘画界，诸多流派的画家们，不论各自的风格如何，

附录

No: 68, 6). Side view and front view of a Vase with four feet, in the form of a cat. Size about 1:3; depth about 8°50m.

1884 年《特洛伊》四足容器绘图

在他们学习绘画的时候，"画得像"是绕不过去的基本功。

随着考古学的进步，要求有更多的信息在绘图中呈现，考古绘图的科学性越来越强。但艺术性的演变历程则不然，并非从原始和拙劣开始，这和时代的特征是分不开的。科学考古学起源和发展于欧洲的 18、19 世纪，这是西方美术的辉煌时代，艺术俊杰辈出，读者的欣赏水平或者说对绘图水平的要求恐怕也相当高。因此，在那个照相技术还不发达，绘图几乎是唯一直观表现形式的时代，考古绘图在艺术性的角度来说并不低，比如谢里曼于 1884 年出版的《特洛伊》中这幅四足容器的器物图，虽然从现在的眼光来看缺乏科学性，但至少该图实现了一个目的，用透视画法和素描比较直观地把该器物表现了出来，包括成功地运用线条的疏密来表现表面的起伏与沟槽。这种风格，在 20 世纪 30 年代中国第一部正式的考古报告《城子崖》中依然能够看到。

20 世纪五六十年代，中国的考古发掘主要在大陆，台湾则主要是对既往成果的消化，但两岸在考古绘图方面都不约而同地以最费工夫、表现力也最强的撒点绘图法来进行绘图，以大陆的《郑州二里冈》和台湾的《侯家庄》系列最为典型。《侯家庄 1001 号大墓》的"石虎首人身虎爪坐式立雕"与"石枭形立雕"的器物图，不但准确表现外形，而且巧妙地运用点的疏密将器物

《侯家庄》报告中的石虎首人身虎爪坐式立雕图

繁冗的雕刻纹饰表现得淋漓尽致，这些图甚至可以和器物同样看成是巧夺天工的艺术品。当然，这不但对绘图者的要求较高，而且也非常费工夫。

但是，改革开放以后，至少在大陆这边，考古绘图的艺术标准可以说大大降低了，很多细节部分仅用简单的线条一笔带过，颇有些敷衍的感觉，翻翻这些年出版的报告，绘图可称为精品的并不多。笔者认为，这一方面是由于考古发掘项目大大超过了以往，巨量的出土文物造成绘图工作量成倍增加，如果还是按照以前的艺术要求，恐怕短期内难以完成；另一方面，不容否认的是，具备一定美术功力的考古工作者也不多了。

有一种观点认为，现在照相技术这么成熟，看相片岂不更加直观？但是，考古绘图不仅是为了表现器物，还是跃于纸上的研究成果的展示，表现关系，突出重点，这是相片所无法实现的。如果用线条的疏密、虚实、明暗，以及辅助的撒点，更能科学和艺术地完美表现遗迹遗物的外形和结构。

考古学是研究人的学科，对人性的重视不仅应体现在文字上，更应体现在绘图上。经典的发掘报告《西安半坡》中，不但器物图绘制得好，而且还别出心裁地附了一张发掘现场的素描，充满现场感。《姜寨》中图版的第一幅便是张孝光先生所作的原始村落复原图，也是趣味横生。在体现人性上，徐天进先生在今年"纪念宝鸡斗鸡台考古80周年座谈会"上的一番讲话很有道理："我们现在画的等高线图，当然有其科学性，但是那种考古的味道，经典考古的，手工制作的东西总是缺了一些。现在太冷冰冰，考古应该充满人情味，应该在保证科学性的前提下充满趣味，这是我们考古人应该反省的。本来一个和人类这么密切的学问，现在却和人们越来越远，为什么？"

苏秉琦和张忠培二位先生在《上马墓地》的序言中写道："我们应当认识到报告是公布材料的方式，也是保存文化遗产的必不可少的相当重要的办法。"因此，作为考古工作者应当有一种历史使命感，要意识到我们笔下产生的考古报告本身也是一种文化遗产，要用艺术的形式来表现古代的艺术。在计算机、数码技术日新月异，绘图科学性逐步提高的今天，严文明先生关于考古绘图是"科学性与艺术性的统一"的观点依然是金科玉律。同样，习近平主席在北京文艺座谈会上讲"文艺不能成为市场的奴隶"，我们也不能单纯成为技术或机器的奴隶，客观永远都是相对的。

（原载《中国文物报》2014 年 10 月 24 日）

后记

　　本书线绘图采自浙江省文物考古研究所编著《反山》（文物出版社，2006 年）、《瑶山》（文物出版社，2003 年），这两项工作分别在王明达先生、芮国耀先生的主持下进行。本书照片采自浙江省文物考古研究所、北京大学考古文博学院等编著《权力与信仰——良渚遗址群考古特展》（文物出版社，2015 年），浙江省文物考古研究所、南京博物院、上海博物馆编著《良渚考古八十年》（文物出版社，2016 年）等。

　　本书的出版，得到了浙江省文物考古研究所刘斌所长、良渚博物院马东峰院长的大力支持。考古是一项集体劳动，在此向我的同事、各位师友表示感谢，尤其是为反山、瑶山发掘付出辛勤汗水的前辈和各位师友，向他们致敬。个别线图测绘时，参考了上海博物馆万育仁、许勇翔等先生的拓本，以及浙江省文物考古研究所和香港中文大学"良渚文化玉器工艺研究"课题组邓聪等先生的细部照片，特此感谢。

　　感谢杭州市文物考古研究所王征宇先生的引荐，我得以认识浙江古籍出版社翁宇翔先生、黄玉洁女士、刘欣先生，非常荣幸，并感谢他们的辛勤工作。

　　反山 M12 部分玉器线绘图，当时限于条件未能充分表现，反山瑶山少量玉器线绘图，报告中有个别线条遗漏，本次线绘又加补充修正，特此说明。

2018年6月《良渚玉器线绘》出版，作为良渚博物院重新开放宣传周活动，在良渚博物院举行了首发仪式，并在随后的"钱报读书会"上与大家分享《行云：良渚古玉的线条之美》。2018年7月本书作为重点推荐书目赴港参加第29届香港书展，受到好评。2019年3月6日《中国文物报》"文博出版传媒周刊"全版报道，称本书"第一次将考古绘图作为普及读物的主角"。

第一版基本售罄，增补版增加了《中国文物报》2014年10月24日就作者"考古专家笔下美到爆的手绘老物件"报道引发的讨论专版，感谢北京大学考古文博学院杭侃教授、秦岭教授、中国文物报社贾昌明博士慨然应允。第一版面世后，北京大学考古文博学院徐天进教授手书"通神"相赠，作为增补版插页。另外，第一版第199—200页"瑶山"为"反山"，琮王神像折页A—B直槽误植，特此更正，并向大家致歉。

2019年4月9日

　　附记：《良渚玉器线绘》第三版，根据《反山》(修订本，文物出版社，2021年)略作补充修订。

2022年10月9日

图书在版编目（CIP）数据

良渚玉器线绘 / 方向明著 . -- 3 版 . -- 杭州：
浙江古籍出版社 , 2022.11
ISBN 978-7-5540-2400-3

Ⅰ . ①良… Ⅱ . ①方… Ⅲ . ①良渚文化—古玉器—研
究 Ⅳ . ① K876.84

中国版本图书馆 CIP 数据核字（2022）第 201528 号

良渚玉器线绘（第三版）

方向明 著

出版发行	浙江古籍出版社
	（杭州体育场路 347 号 电话：0571-85068292）
网 址	https://zjgj.zjcbcm.com
责任编辑	黄玉洁
责任校对	吴颖胤
整体装帧	刘 欣
责任印务	楼浩凯
照 排	杭州立飞图文制作有限公司
印 刷	浙江海虹彩色印务有限公司
开 本	710mm×1000mm 1/16
印 张	16
字 数	224 千字
版 次	2022 年 11 月第 1 版
印 次	2022 年 11 月第 1 次印刷
书 号	ISBN 978-7-5540-2400-3
定 价	68.00 元

如发现印装质量问题，影响阅读，请与本社市场营销部联系调换。